Sprachbewusste Unterrichtsplanung

FörMig Material

Herausgegeben von

İnci Dirim, Ingrid Gogolin, Drorit Lengyel, Ute Michel, Ursula Neumann, Hans H. Reich, Hans-Joachim Roth und Knut Schwippert

Band 9

Tanja Tajmel, Sara Hägi-Mead

Sprachbewusste Unterrichtsplanung

Prinzipien, Methoden und Beispiele für die Umsetzung

Waxmann 2017
Münster · New York

Bibliografische Informationen der Deutschen Nationalbibliothek
Die Deutsche Nationalbibliothek verzeichnet diese Publikation in der Deutschen Nationalbibliografie; detaillierte bibliografische Daten sind im Internet über http://dnb.dnb.de abrufbar.

ISSN 1866-6620
ISBN 978-3-8309-3449-3

Steinfurter Straße 555, 48159 Münster

www.waxmann.com
info@waxmann.com

Umschlaggestaltung: Pleßmann Design, Ascheberg
Umschlagbild: © Tanja Tajmel
Satz: Stoddart Satz- und Layoutservice, Münster
Druck: Media-Print GmbH, Paderborn

Gedruckt auf alterungsbeständigem Papier, säurefrei gemäß ISO 9706

Printed in Germany

Inhalt

Teil II: Methoden der sprachbewussten Unterrichtsplanung

Teil I
Grundlagen des sprachbewussten Unterrichts

1. Einführung

1.1 Warum sprachbewusster Unterricht?

Dass jeder Unterricht einer Sprache als Kommunikations*mittel* bedarf, um das, was gelernt werden soll, zu ver*mitteln*, steht außer Frage. Ebenso besteht kein Zweifel darin, dass Sprache jenes Mittel darstellt, über welches in institutionalisierter Weise das erworbene Wissen und die erworbenen Kompetenzen operationalisiert und formal als Bildungsabschluss zertifiziert werden. Somit ist Sprache gleichermaßen Mittel und Ziel von schulischer Bildung. Sprache ist also für den gesamten Bereich der schulischen Bildung von außerordentlicher Bedeutung und entsprechende Sprachkompetenzen sind eine notwendige Bedingung für schulischen und fachunterrichtlichen Bildungserfolg. Trotzdem kann nach wie vor nicht davon ausgegangen werden, dass es zu einer Selbstverständlichkeit geworden wäre, die Vermittlung schulisch relevanter sprachlicher Kompetenzen zur Aufgabe des Fachunterrichts zu machen. Nach wie vor werden bildungssprachliche Kompetenzen vorausgesetzt und tendenziell *nur* als Mittel und nicht gleichermaßen als Ziel des Unterrichts verfolgt.

Sprache ist gleichermaßen Mittel und Ziel des Unterrichts.

1.2 Das Recht auf verständlichen Fachunterricht

Diesem Band liegt als normative Orientierung das Recht auf Bildung zugrunde. Dies bedeutet, dass jeder Mensch uneingeschränkt und ungeachtet diverser Merkmale das Recht auf Bildung besitzt. Staaten obliegt die Aufgabe, Menschen den Zugang zum Recht auf Bildung zu ermöglichen. Die Schule ist somit der institutionalisierte Zugang zum Recht auf Bildung. Der Zugang zu Bildung ist jedoch nicht nur dadurch gegeben, dass Schulen sowie Lehrkräfte in ausreichender Zahl zur Verfügung stehen. Vielmehr muss Bildung über ein Medium vermittelt werden, das allen Beteiligten zur Verfügung steht. Auch dafür muss im Zweifelsfall von institutioneller Seite gesorgt werden. Andernfalls ist der Zugang zu Bildung nicht möglich und das Recht auf Bildung nicht erfüllt. Im amtlich deutschsprachigen Raum ist dieses Medium die deutsche Standardsprache. Außerdem wird der Zugang zu Bildung in weiteren amtlich anerkannten Sprachen gewährleistet. In Deutschland sind das z.B. die Deutsche Gebärdensprache, das Sorbische oder das Dänische.

Der Fachunterricht ist ein Teil von Schule und damit ein Teil des Bildungsauftrags. Auch im Fachunterricht geht es daher primär und ganz konkret um die Frage, wie der Zugang zu Bildung allen ermöglicht werden kann. Dass die deutsche Sprache dabei meist als alleiniges Medium fungiert, dass Mehrsprachigkeit als Ausnahme und nicht als Regel gesehen wird und der Unterricht sich eher an einer monolingualen Zielgruppe orientiert, ist institutionellen Rahmungen und Traditionen von Bildung geschuldet (vgl. GOGOLIN 1994). Dies hat jedoch nachhaltige Folgen für die Bildungsbeteiligung und damit die gesellschaftliche Teilhabe von mehrsprachig aufwachsenden Menschen.

Sprachbewusst zu unterrichten bedeutet, neue Routinen zu entwickeln.

Es kann davon ausgegangen werden, dass Lehrkräfte im besten Wissen und Gewissen agieren. Kein Lehrer und keine Lehrerin benachteiligt Schülerinnen und Schüler bewusst. Um Traditionen und Routinen zu ändern bzw. neu zu bewerten, die möglicherweise zu einer Schlechterstellung von mehrsprachigen Schülerinnen und Schülern führen, sind also ein entsprechendes Wissen und eine Bewusstheit erforderlich, die systematisch aufgebaut werden müssen. Dazu sollen dieser Band und die vorgestellten Methoden einen Beitrag leisten.

Hinweise zur Lektüre und zur Arbeit mit diesem Band

- Dieser Band beinhaltet ein Glossar, in welchem wir versuchen, alle aus unserer Sicht relevanten Begriffe, jedoch ohne Anspruch auf Vollständigkeit, so kurz wie möglich zu klären. Die Begriffe sind im Text nicht separat gekennzeichnet. Es ist daher angeraten, in jedem Fall einen Blick ins Glossar zu werfen.
- Das in Kapitel 10 vorgestellte Konkretisierungsraster versteht sich als Methode der detaillierten systematischen Identifikation relevanter sprachlicher Mittel. Es stellt damit eine Erweiterung zum Planungsrahmen dar, wie er in Band 4 dieser Reihe von Thomas QUEHL und Ulrike TRAPP (2013) vorgestellt wurde. Es ist zu empfehlen, mit beiden Bänden gemeinsam zu arbeiten.
- Sprachbewussten Leserinnen und Lesern wird auffallen, dass die im Konkretisierungsraster und in der Schlüsselworttabelle angeführten Nomen, Verben und Adjektive nicht immer mit ihrer grammatischen Information (z.B. Genus, Konjugation, Komparation) versehen sind. Dies hat einen Grund: Sowohl das Konkretisierungsraster als auch die Schlüsselworttabelle verstehen sich als Methoden der *reflexiven Unterrichtsvorbereitung*. Durch sie soll eine Reflexion über die Sprache im eigenen Fachunterricht systematisch erfolgen. Dabei ist wesentlich, dass der Notizencharakter erhalten bleibt (z.B. indem alle Wörter aufgeschrieben werden, die in den Sinn kommen). Die Hinzunahme der grammatischen Information ist der nächste Schritt und stellt bereits eine Anwendung grammatischen Wissens dar. Sie soll unbedingt spätestens da erfolgen, wo die neuen Wörter den Weg in den Unterricht finden. Für das Brainstorming ist sie nicht unbedingt notwendig.

2. Die Sache mit der Sprache – theoretische Grundlagen und Verortung des Bandes

2.1 Sprachbewusstheit – Wer ist sich wessen wie bewusst?

Sprachbewusstheit von Schülerinnen und Schülern

Sprachbewusstheit ist ein zentraler Begriff in der aktuellen Deutsch- und der Sprachdidaktik, der seinen Ursprung im britischen Konzept der *Language Awareness* (LA) hat. Die Intention des *'British Language Awareness Movement'* (HAWKINS 1987) war es, durch LA in der Primarstufe die Schülerinnen und Schüler mit jenen Grundlagen auszustatten, auf denen sowohl der Erst- als auch Fremdsprachenunterricht in der Sekundarstufe aufbauen kann. Die Language Awareness bzw. Sprachbewusstheit wurde als *Sprachbewusstheit der Lernenden* verstanden. Anlass für die Suche nach einem neuen didaktischen Ansatz waren britischen Befunde in den 1980er Jahren, wonach zwei von drei Schülerinnen und Schülern den in der Sekundarstufe neu hinzukommenden Fremdsprachenunterricht bei erstbester Gelegenheit wieder abwählten. In dieser Zeit hatte das LA-Konzept in pädagogischen und akademischen Kontexten Konjunktur und LA wurde nach unterschiedliche Ebenen differenziert. JAMES und GARRETT unterscheiden fünf Domänen der Language Awareness und machen deutlich, dass LA über ein sprachdidaktisches Konzept hinaus eher als pädagogisches Konzept zu verstehen ist (vgl. JAMES/GARRETT 1992, S. 12–18, zitiert nach WOLFF 2010, S. 184).

1. *Die kognitive Domäne*: Entwicklung von Bewusstheit für Muster, Kontraste, Kategorien, Regeln und Systeme.
2. *Die Domäne der Performanz*: Herausbildung einer Bewusstheit für die Verarbeitung von Sprache sowie einer Bewusstheit für das Lernen im Allgemeinen und das Sprachlernen im Besonderen. Für Letztere wird auch der Begriff *Sprachlernbewusstheit* gebraucht.
3. *Die affektive Domäne*: Herausbildung von Haltungen, Aufmerksamkeit, Neugier, Interesse und ästhetischem Einfühlungsvermögen.
4. *Die soziale Domäne*: Entwicklung von Verständnis für andere Sprachen.
5. *Die Domäne der Macht*: das Vermögen, Sprache im Hinblick auf die ihr unterliegenden Möglichkeiten der Beeinflussung und Manipulation anderer zu durchschauen.

Critical Language Awareness (CLA)

Ende der 1980er Jahre wurde das LA-Konzept durch einen kritischen Ansatz zur *Critical Language Awareness* (CLA) (FAIRCLOUGH 1992) erweitert. Hauptkritikpunkt der CLA an der LA-Debatte war, dass soziale und machttheoretische Aspekte von Sprache zu wenig Berücksichtigung fänden und die Debatte somit zu unkritisch verliefe.

Auch in die deutschen Lehrpläne und Rahmenvorgaben für Unterricht in Sprachenfächern ist das Konzept der Sprachbewusstheit eingegangen, wobei sich deutlich die kognitive Ausrichtung des Konzepts widerspiegelt. Für die Grundschule wird etwa für Bereiche wie „Vermittlung von Sprachwissen" und Vermittlung „orthografischer Fähigkeiten" auf Begrifflichkeiten zurückgegriffen, die von einem bewussten kognitiven Erwerbsprozess ausgehen (Spitta 2000).

Sprachbewusstheit von Lehrenden
Ursprünglich wurde das Konzept der LA oder der Sprachbewusstheit im Zusammenhang mit Kompetenzen diskutiert, welche Schülerinnen und Schüler durch den Sprachunterricht erwerben sollen. Die Sprachbewusstheit von Lehrenden wurde ebenfalls zunächst im Zusammenhang mit Fremdsprachenunterricht und Sprachenlehrkräften diskutiert. In der englischsprachigen Professionalisierungsforschung von ESL/EFL-Lehrkräften (English as Second/Foreign Language – das Pendent zu Deutsch als Zweit-/Fremdsprache) finden sich Ansätze zur Language Awareness von Lehrkräften (Ellis 2012). Diese Ansätze gehen davon aus, dass Fremdsprachenlehrkräfte über eine bestimmte Sprachbewusstheit verfügen müssen, um die Fremdsprache effektiv unterrichten zu können.

Spätestens seit den Ergebnissen der großen Schulleistungsstudien wie TIMSS, PISA u.a. stellt sich die dringende Frage, was Lehrende von Sachfächern an Sprache können und von Sprache in Bezug auf Fachunterricht wissen müssen, um Sprachbildung in ihrem Fachunterricht realisieren zu können. Damit ist Sprachbewusstheit auch zu einem Thema für die Ausbildung von Fachlehrkräften geworden (Drumm 2010, 2016, Rösch 2017, Tajmel 2009a, 2017a).

2.2 *Kritische Sprachbewusstheit* von Lehrkräften

Kritisch-sprachbewusst zu sein bedeutet, das Selektionspotential sprachlicher Normen zu reflektieren.

Um als Lehrerin oder Lehrer die Spielräume einer nicht diskriminierenden eigenen Unterrichtspraxis ausloten zu können, ist kritische Bewusstheit sowohl in Bezug auf das Fach als auch in Bezug auf Sprache notwendig. Die zentrale Frage, die mit diesem Band ein Stück weit beantwortet werden soll, lautet:

In welcher Art müssen sich Lehrkräfte der unterschiedlichen Aspekte von Sprache bewusst sein, wenn sie nicht diskriminierend, kritisch und reflexiv unterrichten wollen?

In Anlehnung an die Critical Language Awareness Fairclough s wurde ein Konzept von *Kritisch-reflexiver Sprachbewusstheit* (Tajmel 2017a) entwickelt, welche auch den Ansätzen und Methoden in diesem Band zugrunde liegt. Nach der *Kritisch-reflexiven Sprachbewusstheit von Lehrkräften im Kontext von Fachunterricht* (Tajmel 2017a, S. 265f.) sind vier Makroebenen von Sprachbewusstheit zu unterscheiden, die in weitere Mikroebene ausdifferenziert sind.

1. Affektive Ebene: Freude an der Beschäftigung mit Sprache haben; sich als Lehrerin oder Lehrer mit Sprache im eigenen Fach und ihrer Bedeutung für das fachliche Lernen auseinandersetzen wollen.

2. Kognitiv-linguistische Ebene: Über linguistische Grundlagen Bescheid wissen; Diagnoseverfahren kennen; Sprachdidaktische Ansätze kennen.

3. Rechtlich-soziale Ebene: Zuständig sein; sich als Lehrer oder Lehrerin der eigenen Zuständigkeit und Verantwortung für Sprachbildung bewusst sein; einen nicht diskriminierenden Zugang zu fachlicher Bildung ermöglichen.

4. Hegemoniale Machtebene: Wissen, dass Sprache ein Mittel zur Selektion und Exklusion darstellen kann; sich bewusst sein, dass Normen, Traditionen und fachkulturelle Merkmale des eigenen Unterrichtsfachs ebenfalls selektierende und exkludierende Wirkung haben können.

In diesem Konzept sind einerseits die linguistischen Aspekte der Sprachbewusstheit enthalten, andererseits aber auch rechtliche, soziologische und machtkritische Aspekte. Schule und Unterricht werden nicht nur als Orte des Lehrens und Lernens, sondern vielmehr als soziale Felder verstanden. Damit berücksichtigt das Konzept neben den pädagogisch-didaktischen Aspekten von Sprachbildung auch die hegemonialen Aspekte, welche insbesondere im Zusammenhang mit Bildungsdisparitäten und Diskriminierung bzw. Benachteiligung im Zugang zu Bildung von Bedeutung sind.

Hegemonie ist die Macht des „Normalen", des „Common Sense", des „wie es sich gehört".

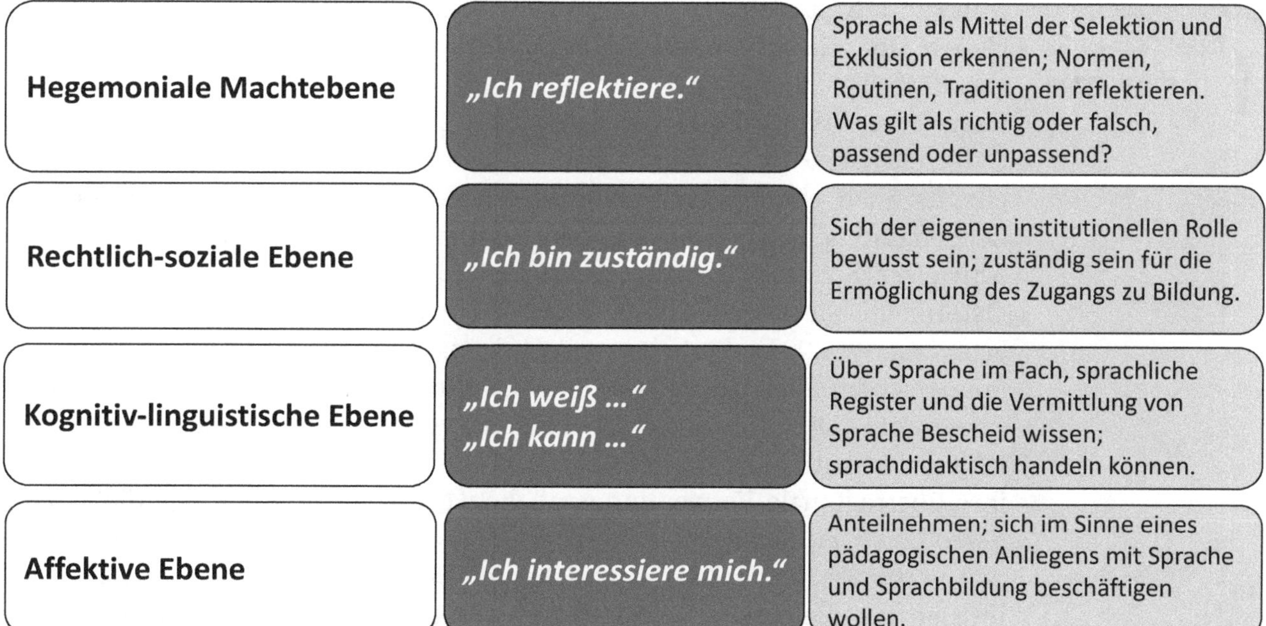

Abbildung 1: Modell der *Kritisch-reflexiven Sprachbewusstheit von Lehrenden* im Kontext von Fachunterricht (Tajmel 2017a).

2.3 Mehrsprachigkeit

Migrationsgesellschaftliche Mehrsprachigkeit

Mehrsprachigkeit kann sich auf ganz Unterschiedliches beziehen, auf eine Einzelperson, auf eine Gesellschaft, auf ein Gebiet oder auf eine Institution. Deswegen unterscheidet man u.a. zwischen individueller, gesellschaftlicher, territorialer und institutioneller Mehrsprachigkeit. Im amtlich deutschsprachigen Raum sind die meisten Schulen institutionell einsprachig (Ausnahmen gibt es vor allem in mehrsprachigen Städten und Regionen wie beispielsweise Fribourg in der Schweiz oder Südtirol in Italien). Schulen gehen von „normalerweise" einsprachigen Schülerinnen und Schülern aus und bedienen diese als ihre primäre Zielgruppe. Ingrid Gogolin hat hierfür den Ausdruck „monolingualer Habitus" geprägt (Gogolin 1994). Da sich außerdem Sprachen durch ihr Sprachprestige voneinander unterscheiden, wird Mehrsprachigkeit je nach beteiligten Sprachen unterschiedlich gewertet. Die Rede ist von elitärer Mehrsprachigkeit, die sich auf internationale, Schulfremd- und Amtssprachen bezieht. Es ist die Mehrsprachigkeit, die z.B. durch die EU-Politik befürwortet und gefördert wird und im Bildungskontext einen Wettbewerbsvorteil bietet. Der elitären Mehrsprachigkeit steht eine lebensweltliche Mehrsprachigkeit (Dirim/Auer 2004, Gogolin 2005, Tracy 2008) gegenüber. Damit ist die Intention verbunden, Mehrsprachigkeit zu beschreiben und nicht normativ zu fassen sowie die Multilingualität und nicht die Monolingualität als Normalfall zu betrachten (Fürstenau/Niedrig 2011). Lebensweltliche Mehrsprachigkeit bezieht sich vor allem auf migrationsbedingte Mehrsprachigkeit, auf eine Mehrsprachigkeit, die weniger in Bildungskontexten als in Alltagskontexten verankert ist.

Innere Mehrsprachigkeit: Sprachvarietäten und Register

Jeder Mensch ist mehrsprachig.

Neben der so genannten äußeren Mehrsprachigkeit, die unterschiedliche Einzelsprachen wie Deutsch, Französisch, Englisch, Tschechisch umfasst, deren Wortschatz kodifiziert ist (z.B. durch den Duden oder das Österreichische Wörterbuch) und die eine verbindliche Grammatik haben, gibt es auch eine innersprachliche Vielfalt: Die Rede ist von Dialekten, Umgangssprache, Regiolekten oder nationalen Standardvarietäten wie das Schweizer Standarddeutsch, das Standarddeutsch Deutschlands oder das Österreichische Deutsch (vgl. Ammon 1995, Ammon et al. 2004, Bassler/Spiekermann 2001). Sprache variiert, je nachdem wann, wo, mit wem und mit welchem Ziel sie verwendet wird. In Bezug auf die kommunikative Reichweite (Diatopik) unterscheidet man etwa zwischen Dialekten, Regiolekten und nationalen Varietäten. Je kodifizierter die Varietät, desto größer ihre überregionale Verwendungsmöglichkeit oder umgekehrt, je dialektaler, desto enger ist der Radius innerhalb dessen sich Menschen finden, die einen verstehen. Varietäten unterscheiden sich darüber hinaus in Bezug auf ihre soziale Reichweite (Diastratik): Gruppen werden auch dadurch formiert, dass sie sich sprachlich von anderen Gruppen absetzen (vgl. z.B. Jugendsprachen). Und drittens unterscheiden sich Varietäten in Bezug auf ihre funktionale Reichweite (Diaphasik): Geht es darum, den Alltag sprachlich zu bewältigen oder wissenschaftliche Erkenntnisse so aufzuarbeiten, dass sie über Raum und Zeit hinweg Rezipientinnen und Rezipienten zugänglich bleiben, sind dafür jeweils unterschiedliche sprachliche Mittel notwendig. In Bezug auf die funktionale Reichweite wird in der Forschungsliteratur statt Varietät auch der Terminus Register verwendet.

Variationsdimension	Varietäten	Realisierungsbeispiele
Kommunikative Reichweite (Diatopik)	Dialekte, Regiolekte, Nationale Varietäten, …	*„Chunsch druus?“*[1]
Soziale Reichweite (Diastratik)	Gruppensprachen, Jugendsprachen, …	*„Ich bin Straßenbahn.“*[2]
Funktionale Reichweite (Diaphasik)	Alltagssprache Bildungssprache, Wissenschaftssprache, Fachsprache, …	*„Jetzt kippen wir das da rein.“* vs. *„Die Flüssigkeit wird in den Kolben gefüllt.“*[3]

Abbildung 2: Variationsdimensionen und Varietäten von Sprache (Riebling 2013, S. 111)

Häufig sind solche innersprachlichen Varietäten Sprecherinnen und Sprechern unbewusst, sie werden durch sprachliche Sozialisation automatisch erworben. Bewusst werden sie meist dann, wenn eine verwendete Varietät nicht mit jener übereinstimmt, die seitens der Rezipientin oder des Rezipienten eingefordert wurde:

> „Es war eine sehr hierarchisch strukturierte Klasse, die meisten Schülerinnen und Schüler kamen aus eher ‚höheren Schichten‘ und gegenüber manchem ‚landeshauptstädtischen Hochdeutsch‘ kam ich mir mit meiner ländlichen Umgangssprache sehr unsicher und ein wenig defizitär vor.“ (Beispiel aus Busch 2013, S. 18)

Nicht immer ist Rezipientinnen und Rezipienten wie in dem Zitat oben selber explizit bewusst, wenn die verwendete Varietät sich von der eingeforderten unterscheidet. In der Sprachwissenschaft spricht man von einem Schibboleth, wenn ein unbeabsichtigter Sprachverstoß, z.B. in Form eines Akzents oder eines Ausdrucks, eine Nicht-Zugehörigkeit markiert.

Die innere Mehrsprachigkeit ist für eine sprachbewusste Unterrichtsplanung aus verschiedenen Gründen wichtig im Blick zu haben. Sie macht bewusst, dass es, wenn man diese innersprachliche Vielfalt miteinbezieht, jeder mehrsprachig ist. Da das Konzept von Varietäten bzw. Registern in unterschiedlichsten Erstsprachen existiert, kann gut daran angeknüpft werden. Unterstützt werden kann diese Bewusstmachung und Varietätenzuordnung auch visuell, etwa durch die Markierung der Funktionsgrenze von Varietäten mittels eines Vorhangs an der Tür zum Schulzimmer.[4] Quehl/

---

1 „Chunsch druus?“ ist schwyzerdütsch und bedeutet „Verstehst Du?“ (wörtlich: Kommst du draus?). Es ist auch gleichzeitig der Titel eines Dialekt-Lehrwerks (Berthele/Müller/Wertenschlag 2009).

2 Beispiel gehört in Wien (dankenswerter Hinweis von Christine Okresek).

3 Beispiele entnommen aus Gogolin et al. (2011, S. 8f.).

4 Dieses Beispiel stammt von einer Lehrperson in der Deutschschweiz, die mittels eines Vorhangs an der Tür zum Schulzimmer die Funktionsgrenze der beiden Varietäten Dialekt

Mehrsprachigkeit im Fachunterricht bedeutet: Alltagssprache, Bildungssprache und Fachsprache situationsbezogen einzusetzen und zu fördern.

TRAPP (2013) lassen Schülerinnen und Schüler in einen Forschungskittel schlüpfen, der symbolisiert, dass sie „wie ein Forscher" reden müssen. Zudem hilft die innersprachliche Mehrsprachigkeit zu verstehen, dass alltagssprachliche Kompetenzen nicht notwendigerweise mit bildungssprachlichen Kompetenzen einhergehen und deswegen nicht von der einen auf die andere Kompetenz geschlossen werden kann. Ein Kind, das alltagssprachlich problemlos klarkommt und akzentfrei spricht, kann sich nicht automatisch in der Bildungssprache ausdrücken oder zurechtfinden. Lehrpersonen nehmen eine entsprechende Diskrepanz manchmal erst ganz spät im Unterrichtsverlauf wahr, etwa bei schriftlichen Arbeitsaufträgen. Im Unterrichtsgespräch ist also genau darauf zu achten, wann eher das alltagssprachliche und wann eher das bildungssprachliche Register Anwendung findet. Das Register ergibt sich durch Situierung und funktionale Zielsetzung und wird sprachlich entsprechend realisiert. Da sich in einem Alltagsdialog die Gesprächspartnerinnen und Gesprächspartner in der Regel zur gleichen Zeit im gleichen Raum befinden, haben sie die Möglichkeit, auf Gegenstände zu zeigen, auf Mimik zu reagieren, sich mit wenigen Worten zu verstehen. Dieser Bezug zum situativen Kontext fällt weg, wenn ein Text über Raum und Zeit hinweg transportiert und das Verstehen gesichert werden will. Stellt man didaktisch bewusst genau diesen, Bildungssprache einfordernden Kontext her, z.B. durch unterschiedliche Experimente, die in verschiedenen Gruppen durchgeführt und von denen anschließend den Mitschülerinnen und Mitschülern berichtet werden muss, wird Bildungssprache greifbar und kann gezielt aufgebaut werden (vgl. QUEHL/TRAPP 2013): Auch sprachlich muss das Kontextwissen sichergestellt und Handlungen, Beobachtungen und Schlussfolgerungen präzise benannt werden. Das führt unweigerlich zu einem Wortschatz- und Grammatikbedarf bzw. gebrauch, der sich von demjenigen im alltagssprachlichen Kontext unterscheidet. Weitere Ausführungen zu Alltagssprache, Bildungssprache und Fachsprache finden sich in Kapitel 6 (Basiswissen).

Deutsch als plurizentrische Sprache

Plurizentrisch bedeutet, über mehr als ein Zentrum, das eine standardsprachliche Norm festsetzt, verfügend. Ganz viele Sprachen sind plurizentrisch. So kann Spanisch etwa als südamerikanisches Spanisch oder als spanisches Spanisch realisiert werden oder Englisch als amerikanisches Englisch, britisches Englisch, australisches Englisch etc. Deutsch ist in mehreren Ländern Amtssprache. Deutschland, Österreich und die Schweiz verfügen über eigene Kodices – in Deutschland ist das der Duden, in Österreich das Österreichische Wörterbuch und in der Deutschschweiz der Schweizer Schülerduden (vgl. AMMON 1995, S. 246, kritisch dazu SCHMIDLIN 2011, S. 125). Bei diesen drei Ländern spricht man deswegen von Vollzentren. Da die deutsche Sprache in diesen Ländern zum allergrößten Teil übereinstimmt (man spricht dann vom so genannten Gemeindeutsch), handelt es sich beim Österreichischen Deutsch, Schweizer Standarddeutsch und dem Standarddeutsch Deutschlands nicht um unterschiedliche Sprachen, sondern um nationale Varietäten der gleichen Sprache (ausführ-

(Schwyzerdütsch) und Standardsprache (Schweizer Hochdeutsch) markierte: Auf der einen Seite des Vorhangs werde vor allem Standarddeutsch gesprochen und auf der anderen Seite habe, entsprechend der medialen Diglossie, der Dialekt seinen Raum (dankenswerter Hinweis von Susanne Hägi).

lich zur didaktischen Relevanz vgl. Hägi 2006, 2014a und b, 2015). Die spezifischen Unterschiede sind die Varianten (vgl. Ammon et al. 2004), also Austriazismen (z.B. *Marille* oder *da fährt der Zug drüber*), Helvetismen (z.B. *Velo* oder *das schleckt keine Geiss weg*) oder Teutonismen (z.B. *Tüte* oder *da beißt die Maus keinen Faden ab*). Im Gegensatz dazu handelt es sich bei den ebenfalls amtlich deutschsprachigen Ländern bzw. Regionen Liechtenstein, Luxemburg, Belgien und Südtirol um so genannte Halbzentren, da sie keinen eigenen Kodex haben, sondern sich an dem Kodex und dem Standdarddeutschen eines Vollzentrums orientieren – Liechtenstein orientiert sich am Schweizer Hochdeutschen, Luxemburg und Belgien am Standarddeutschen Deutschlands und Südtirol am Österreichischen Deutsch.

Die deutsche Standardsprache ist heterogen. Deshalb gibt es auch Variationen der deutschen Bildungssprache.

Für die sprachbewusste Unterrichtsplanung ist die Tatsache, dass Deutsch eine plurizentrische Sprache ist, insofern relevant, als sie auch die deutsche Standardsprache und die Sprachsituation im amtlich deutschsprachigen Raum als heterogen offenbart. Damit ist auch die Bildungssprache einer gewissen Varianz unterworfen. Die Ausgangslage im amtlich deutschsprachigen Raum unterscheidet zudem im Gebrauch der Standardsprache in Bezug auf nonstandardsprachliche Varietäten: Während im Norden Deutschlands etwa Dialektschwund vorherrscht, ist für weite Teile Deutschlands und Österreichs ein Dialekt-Standard-Kontinuum charakteristisch, für die Deutschschweiz und Vorarlberg die mediale Diglossie.

2.4 Sprachhandlungsfähigkeit

Im schulischen Kontext sind Sprachhandlungen eng an Fähigkeiten konzeptuell schriftlicher Art geknüpft, auch wenn sie in eine mündliche Kommunikation eingebunden sind. Zu den prototypischen schulischen Sprachhandlungen zählen: *Berichten, Erzählen, Zusammenfassen, Instruieren, Beschreiben, Vergleichen, Erklären, Begründen, Argumentieren*. Sprachliches Handeln kann als eine der Situation angemessene, effiziente, zweckgerichtete Verwendung von Sprache verstanden werden (Ehlich 2007).

Im Fachunterricht geht es um das fachliche Lernen und um die Vermittlung einer umfassenden Sprachhandlungsfähigkeit im Zusammenhang mit den fachlichen Inhalten.

Empirisch können für den Erwerb von Sprachhandlungen Erwerbsstufen ausgemacht werden, die wiederum durch bestimmte lexikalische und syntaktische Formen charakterisiert sind. *Berichten* und *Beschreiben* zählen zu typisch deskriptiven Sprachhandlungen, *Erklären* und *Argumentieren* zu den stärker kognitiven Sprachhandlungen (Reich 2011, vgl. auch Neugebauer/Nodari 2012, S. 18). Deskriptive Sprachhandlungen entwickeln sich früher als argumentative, die sich im Alter von 7 bis 9 Jahren entwickeln (Trautmann 2008). Diese Erkenntnisse finden in einigen pädagogischen Sprachdiagnoseinstrumente (Döll 2012, Fröhlich/Döll/Dirim 2014) Berücksichtigung.

Als *Operatoren* werden im Kontext von Unterricht und Schule Handlungen verstanden, die etwa im Zusammenhang mit Aufgaben oder Leistungsfeststellungen stehen, z.B. *beschreiben, erklären, interpretieren, skizzieren* u.a.

Durch sie werden fachliche Kompetenzen operationalisiert. Von der Kultusministerkonferenz herausgegebene und nach Anforderungsbereichen differenzierte Operatorenlisten liegen für nahezu alle Unterrichtsfächer vor (KMK 2013), wobei genauere Hinweise auf die damit im funktionalen Zusammenhang stehenden erforderlichen Merkmale sprachlichen Handelns nicht gegeben werden (TAJMEL 2011a). Sprach- oder Sprechhandlungen, Operatoren oder Diskursfunktionen liefern Hinweise darauf, was unter Sprachhandlungsfähigkeit im Sinne von *Fähigkeit zur Ausführung von Sprachhandlungen* verstanden werden kann. Zielsprachliche Korrektheit wird dabei als nachrangiges Merkmal von Sprachhandlungsfähigkeit gefasst (vgl. DÖLL 2012, S. 81).

Umfassend sprachhandlungsfähig sein bedeutet: alles sagen, fragen, verstehen, ausdrücken können, was in einer Unterrichtssituation erforderlich ist.

Eine zentrale Rolle für Sprachhandlungsfähigkeit spielen der Wortschatz und das lexikalische Wissen (FEILKE 2009). Schülerinnen und Schüler zum Handeln zu befähigen, wird allgemein als Zweck und Chance von Sprachbildung und Zweitsprachenförderung gesehen (OHM 2009). Um Texte verfassen zu können, bedarf es eines entsprechenden Wortschatzes. Ist der notwendige Wortschatz nicht vorhanden, ist das Leseverstehen beeinträchtigt, produzierte Texte werden lückenhaft, un- bzw. missverständlich, ungenau, zusammenhanglos, abgebrochen, oder aber es können gar keine Phrasen und somit Texte gebildet werden.

Im Fachunterricht ist die Produktion verständlicher und präziser Texte kein Zweck an sich, sondern ein Mittel zum Zwecke einer gelingenden Kommunikation über eine Sache. Einander zu verstehen und über entsprechende sprachrezeptive sowie -produktive Kompetenzen zu verfügen, ist elementar für einen erfolgreichen Unterricht. Von Interesse ist, dass ein Lehrer oder eine Lehrerin genau versteht, was ein Schüler oder eine Schülerin meint und dass er oder sie eine Sprachhandlung so ausführen kann, dass sie auch verstanden wird. Gleichermaßen relevant ist es, dass Lehrkräfte das fachliche Angebot sprachlich so gestalten, dass die Lernenden es verstehen können. Es geht darum, die Wahrscheinlichkeit für Miss- oder Unverständnisse zu minimieren. Um entsprechend präzise Texte im Fachunterricht produzieren zu können, ist ein dem Sachthema entsprechender Wortschatz notwendig.[5] Besteht die Gewissheit oder auch nur Vermutung, dass dieser Wortschatz den Lernenden nicht zur Verfügung steht – aus welchen Gründen auch immer –, so muss aus diskriminierungskritischer Perspektive der erforderliche Wortschatz zur Verfügung gestellt bzw. aufgebaut werden, sodass die Sprachhandlungsfähigkeit aller Schülerinnen und Schüler gewährleistet ist.

Schülerinnen und Schüler zu Sprachhandlungsfähigkeit zu *ermächtigen* bedeutet, sie darin zu unterstützen, dass sie über einen für die Sprachhandlungsfähigkeit erforderlichen Wortschatz und die notwendigen sprachlichen Strukturen verfügen.

5 Dass dieser Wortschatz nicht allein Autosemantika, sondern ein differenziertes Repertoir an strukturellen Mitteln erfordert, kann mit dem *Prinzip Seitenwechsel* (Kap. 5) plausibel vor Augen geführt werden.

Umfassende Sprachhandlungsfähigkeit bedeutet:

- Alles fragen zu können, was man fragen möchte.
- Alles sagen zu können, was man sagen möchte.
- Alles verstehen zu können, was man verstehen möchte.
- Alles lesen zu können, was man lesen möchte.
- Alles schreiben zu können, was man schreiben möchte.

Sprachhandlungsfähigkeit bedeutet nicht, nur fachlich Richtiges zu sagen, sondern auch, Unklarheiten, Missverständnisse oder fachlich Falsches ausdrücken zu können. Nur wenn die Lernenden sich präzise äußern können, können Lehrkräfte entsprechend fachdidaktisch handeln. Eine umfassende Sprachhandlungsfähigkeit ist für den Fachunterricht daher von zentraler Bedeutung.

3. FAQs

Im Folgenden werden FAQs (Frequently Asked Questions – häufig gestellte Fragen) beantwortet, die immer wieder im Rahmen von Aus- und Fortbildungsveranstaltungen gestellt werden. Da diese Fragen unterschiedliche Bedenken, Unsicherheiten und Zweifel der Lehrkräfte zum Ausdruck bringen, sind sie unbedingt ernst zu nehmen und zu diskutieren. So gut es geht, haben wir versucht, Sollens-Sätze zu vermeiden. Dies gelingt nicht immer, insbesondere, wenn es um grundsätzliche Fragen geht. Unsere Antworten basieren auf dem Normativ einer nicht diskriminierenden Bildung. Vor diesem Hintergrund sind insbesondere die Sollens-Sätze zu lesen und zu verstehen.

FAQ 1: Muss ich in jedem Unterricht Sprache unterrichten?
In jedem Unterricht muss gewährleistet sein, dass alle Schülerinnen und Schüler die Lehrperson sowie die Unterrichtsmaterialien verstehen und dass alle Schülerinnen und Schüler sich am Unterricht beteiligen können. Wenn die sprachlichen Voraussetzungen dafür nicht von vorneherein gegeben sind, muss im Unterricht dafür gesorgt werden. Die Lehrperson ist immer gleichermaßen für alle Schülerinnen und Schüler zuständig.

FAQ 2: Ich kenne mich in der deutschen Grammatik selbst nicht aus. Kann ich dabei nicht etwas falsch machen?
Der Sachfachunterricht ist kein Grammatikunterricht und soll es auch nicht werden. Wissenschaftlich gibt es unterschiedliche Befunde, in welchem Ausmaß ein expliziter Grammatikunterricht überhaupt zum Spracherwerb beiträgt. Dennoch sind ein paar Grundkenntnisse zur Grammatik der deutschen Sprache sehr hilfreich (siehe Basiswissen, Kap. 6), weil Lehrpersonen dadurch für bestimmte mögliche Probleme aufmerksamer werden. Sie wollen beispielsweise Aufforderungssätze formulieren, um diese leichter verständlich zu machen. Dazu ist es gut zu wissen, welche Modifikationen einen Satz „einfacher" machen und welche nicht.

Beispiel: *„In diesem Feld soll der vollständige Name angeführt werden."*

Ein einfacherer Satz wäre: *„Schreibe hier deinen Namen"*.

Warum ist *„Schreibe hier deinen Namen"* einfacher als *„In diesem Feld soll der vollständige Name angeführt werden"*? Vor allem wurde die Passivform (*angeführt werden*) vermieden. Außerdem wurde das bildungssprachliche Verb *„anführen"* durch *„schreiben"* ersetzt. Die direkte Aufforderung *„Schreibe …"* ist zudem einfacher als die unpersönliche Form *„es soll"*.

Kapitel 6 gibt einen Überblick über die (aus unserer Sicht und für den Zweck des sprachbewussten Unterrichts) wichtigsten grammatischen Grundlagen der deutschen Sprache.

FAQ 3: Kommt das fachliche Lernen nicht zu kurz, wenn ich sprachbewusst unterrichte?
Das fachliche Lernen kommt dann zu kurz, wenn aufgrund von sprachlichem Miss- oder Unverständnis der Zugang zum Fach nicht möglich ist. Fachliches Lernen braucht unbedingt eine gemeinsame Kommunikationsebene. Diese muss hergestellt werden, und zwar für jeden Schüler und jede Schülerin (s. FAQ 1).

FAQ 4: Kostet sprachbewusstes Unterrichten nicht viel zu viel Vorbereitungs- und Unterrichtszeit?
Fachliche Lernprozesse kosten die Zeit, die sie brauchen. Das hat direkte Konsequenzen für die Unterrichtsszeit und die Didaktik (vgl. FAQ 3). Die Unterrichtsvorbereitung ist immer mehr oder weniger aufwändig, auch für einen Unterricht, welcher nur für einen kleinen Teil der Schülerinnen und Schüler verständlich ist. Hier gesellt sich allerdings zum Zeitaufwand, mit Blick auf die restlichen Schülerinnen und Schüler, noch die Zeitverschwendung. Um den Zeitaufwand der Unterrichtsvorbereitung bestmöglich zu nutzen, bietet die kollegiale Zusammenarbeit ideale Voraussetzungen.

FAQ 5: Was mache ich mit Schülerinnen und Schülern, die keine sprachliche Unterstützung benötigen?
Für diese Schülerinnen und Schüler ist der Zugang zu Bildung von vornherein über die Unterrichtssprache möglich, deshalb haben sie einen großen Vorteil. Wie bei allen anderen heterogenen Voraussetzungen sind auch hier geeignete Differenzierungsmaßnahmen zu überlegen. In Bezug auf die sprachliche Bildung mit dem Ziel Bildungssprache kann davon ausgegangen werden, dass selbst für sehr sprachgewandte Schülerinnen und Schüler immer ein noch komplexerer Text und eine sprachlich noch kniffligere Aufgabe zu finden sind, welche auch für diese Lernenden Herausforderungen darstellen. Die Ergebnisse der Schulleistungsstudien legen jedenfalls nicht nahe, dass der Großteil der Schülerinnen und Schüler im amtlich deutschsprachigen Raum sprachlich unterfordert wäre.

FAQ 6: Ist es nicht ein Vorteil, dass Unterrichtsfächer wie Sport oder Musik auch mit wenig Sprache auskommen?
Fächer wie Sport oder Musik haben aufgrund ihrer Fachtraditionen den Vorteil, dass der Unterricht auch andere Handlungen neben Sprachhandlungen beinhaltet. Es wird gesungen, gesummt, getrommelt, gelaufen, gedribbelt und abgesprungen. Nachahmen und mitmachen ist – sofern die physischen Voraussetzungen gegeben sind – oftmals schnell möglich. Diese integrative Komponente ist wertvoll und auch für andere Unterrichtsfächer zu überlegen. Über das zu *sprechen*, was getan werden soll, und *nachfragen* zu können, wie etwas getan werden soll, ist jedoch auch in Fächern wie Sport oder Musik an sprachliches Handeln geknüpft. Etwas präzise zu erfragen oder zu erklären, geht nicht ohne Sprache. Der Erwerb bildungssprachlicher Kompetenzen ist abgesehen davon das Ziel der gesamten schulischen Bildung. Dies ist nur zu leisten, wenn es in allen Fächern vorangetrieben wird. Wird Bildung weiter und über das Einzelfach hinaus gefasst, können die Gelegenheiten zur Aneignung der Bildungssprache ausgebaut und daher mehr Anlässe zum sprachlichen Handeln geboten

werden – auch in Musik, Sport und Kunst. Zur Kompositabildung geben NODARI/STEINMANN (2008) anhand der Wortverbindungen mit Ball (Fußball, Gummiball, Schleuderball, Medizinball) ein sehr gelungenes Beispiel für das Fach Sport:

> „Das Verhältnis zwischen dem Grundwort und dem Bestimmungswort kann sehr unterschiedlich sein. Ein Fußball ist ein Ball zum Fußballspielen, ein Gummiball ist ein Ball aus Gummi und ein Schleuderball ist ein Ball mit einer Griffschlaufe, den man gut werfen kann. Lernende müssen üben, zusammengesetzte Wörter auseinanderzunehmen und die Beziehung zwischen den Wörtern zu erschliessen. Das funktioniert bei vielen zusammengesetzten Fachbegriffen gut, weil die Bezeichnungen oft eine Art Definition enthalten. [...] Natürlich reichen die Bedeutungen der beiden zusammengesetzten Wörter meistens nicht aus, um die Bedeutung der Zusammensetzung vollständig zu erfassen. Wenn man Sauerstoff als Zusammensetzung aus *sauer* und *Stoff* analysiert, ist das zwar nicht grundsätzlich falsch, sagt aber überhaupt nicht darüber aus, dass Sauerstoff ein gasförmiger Bestandteil der Luft ist. Genauso hilft die Analyse des Wortes *Medizinball* einem Schüler, der einen solchen Ball aus dem Sportgeräteschrank holen soll, nicht viel weiter. Das Wissen dass diese Bälle für Therapien, also für medizinische Zwecke, entwickelt wurden, kann dem Schüler aber helfen, sich den Begriff zu merken und über Begriffsbildungen zu reflektieren.“ (NODARI/STEINMANN 2008, S. 17f.)

FAQ 7: Wie viel sprachliche Unterstützung muss ich geben? Wann ist es genug?

Sprachliche Unterstützung bedeutet, dass der Schüler oder die Schülerin genau versteht, was die Lehrperson mitteilt (schriftlich oder mündlich) und es bedeutet, dass der Schüler oder die Schülerin alles sachgemäß und präzise äußern kann, was er oder sie äußern möchte, in einer Form, die zu Bildungserfolg führt. Jeder Schüler und jede Schülerin muss präzise Fragen zum fachlichen Thema stellen und Erklärungen zum fachlichen Thema verstehen können. Der Umfang sprachlicher Unterstützung ist dann ausreichend, wenn gesichert ist, dass der Bildungserfolg für alle Schülerinnen und Schüler gleichermaßen möglich ist.

> Das Ziel ist eine umfassende Sprachhandlungsfähigkeit der Schülerinnen und Schüler, die fachliches Lernen ermöglicht und zu Bildungserfolg führt.

FAQ 8: Ist für eine Fachlehrkraft sprachbewusster Unterricht zu schaffen?

Sprachbewusster Unterricht ist für jede Lehrkraft möglich. Bildungserfolg ist nicht nur von den Leistungen der Schülerinnen und Schüler und von den pädagogischen Kompetenzen der Lehrkräfte abhängig. Institutionelle Rahmenbedingungen spielen eine wichtige Rolle in der Frage, was als Standard gesetzt wird, an welcher (sprachlichen) Norm sich Standards orientieren und woran Bildungserfolg gemessen wird. Unterschiedliche Schulleistungsstudien zeigen, dass die bildungserfolgreichsten Schülerinnen und Schüler deutschsprachig sind und aus so genannten bildungsnahen Familien stammen. Für deutschsprachige bildungsnahe Schülerinnen und Schüler sind die institutionellen Rahmenbedingungen für Bildung offenbar günstiger als für andere Schülerinnen und Schüler. Es ist davon auszugehen, dass eine nachhaltig gerechtere Bildungserfolgsbeteiligung nicht ohne Änderungen der Rahmenbedingungen möglich sein wird. Für den Fachunterricht kann jedoch auch gesagt werden, dass die pädagogischen und didaktischen Möglichkeiten innerhalb der aktuellen Rahmenbedingungen noch nicht ausreichend ausgeschöpft wurden. Sich der Sprache und sprachlichen Bildung im Fachunterricht anzunehmen, ist in jedem Fall ein notwendiger Schritt in diese Richtung.

4. Sprachbewusst? Ein Quiz

Die folgenden Fragen umfassen Aspekte, die für eine sprachbewusste Unterrichtsplanung grundlegend sind, insofern sie wesentliche Hintergrundinformationen und zentrales Bezugswissen ansprechen. Es handelt sich dabei zu einem großen Teil um Aspekte der kognitiv-linguistischen Ebene (siehe Kap. 2.2), um Regelkenntnisse, die man z.B. hat, wenn man Deutsch als Fremdsprache lehrt oder lernt. Ziel dieses Quiz ist es, bei (angehenden) Lehrpersonen Reflexionen anzuregen, die sich aus den Konsequenzen der Antworten ergeben und die wiederum Konsequenzen für die Unterrichtsplanung haben. Einige Fragen nehmen Bezug auf anderer Sprachen als Deutsch, z.B. auf das Türkische, der mit Abstand meistverbreiteten Migrationssprache in Deutschland. Dies geschieht exemplarisch und aus Überlegungen heraus, die der Sprachbewusstheit (Kap. 2) und Mehrsprachigkeitsdidaktik (vgl. SCHADER 2012) geschuldet sind. Aus den Fragen lässt sich auch ein Quiz zusammenstellen, das im Unterricht verwendet werden kann. Die Lösungen zu den Fragen finden sich am Buchende. In Kap. 6 wird der derzeitige wissenschaftliche Erkenntnisstand zu den folgenden Fragen erläutert und ein linguistisches Basiswissen für sprachbewusstes Unterrichten zur Verfügung gestellt.

Hinweis zum Beantworten der Quizfragen:

- **Es darf hin- und hergesprungen werden.**
- **Hervorgehobene Ausdrücke werden im Glossar erklärt.**

QF 1 a) Wie viele Sprachen gibt es auf der Welt?
☐ ca. 30 ☐ ca. 200 ☐ ca. 2 000–3 000 ☐ ca. 5 000–6 000 ☐ ...

b) Wie viele Staaten gibt es auf der Welt?
☐ ca. 30 ☐ ca. 200 ☐ ca. 2 000–3 000 ☐ ca. 5 000–6 000 ☐ ...

QF 2 Welcher Wortschatzumfang lässt sich wo zuordnen?
550 Wörter, 2 000 Wörter, 15 000 Wörter, 80 000 Wörter, 135 000 Wörter, 400 000 Wörter

a) (Rechtschreib-)Duden
b) Deutsche Sprache
c) Hermann Hesse
d) In der 4. Klasse
e) Johann Wolfgang von Goethe
f) Schuleingangsphase

QF 3 In Bezug auf den Wortschatz unterscheidet man im Deutschen zwei grundlegende Kategorien, die man je nach Ansatz *Inhaltswörter* und *Funktionswörter* oder *Autosemantika* und *Synsemantika (Grammeme)* nennt (vgl. BUSSMANN 2008).

a) Was stellen Sie sich unter diesen Kategorien vor? Wie würden Sie sie definieren?
b) Welche Beispielwörter fallen Ihnen für die jeweilige Kategorie ein?
c) Wie ordnen Sie die Wortarten (Adjektive, Adverbien, Konjunktionen, Präpositionen, Pronomen, Subjunktionen, Substantive, Verben) den beiden Kategorien zu?

Bezeichnung	**Inhaltswörter Autosemantika**	**Funktionswörter Synsemantika (Grammeme)**
Definition		
Beispielwörter		
Wortarten		

Hinweis: Wenn Ihnen keine Beispielwörter einfallen, versuchen Sie die Folgenden einzuordnen: *Als ich gestern im Speisewagen saß und die Zeitung las, lernte ich einen berühmten Filmstar kennen, der sich zu mir an den Tisch setzte.*

QF 4 In welchem Alter sind in der Erstsprache die grammatischen Grundstrukturen gefestigt?
☐ ab 1 Jahr ☐ ab 3,5 Jahren ☐ ab 12 Jahren ☐ ab 18 Jahren ☐ ...

QF 5 Freudsche und andere Versprecher passieren jedem, auch wenn Deutsch die Erstsprache ist, wie die folgenden Beispiele zeigen (ACHILLES/PIGHIN 2008). Was meinen Sie, wie sollten die Aussagen eigentlich lauten?

a. Ich gebe mir keinen Witz mehr, über Witze nachzudenken.
Gemeint war wahrscheinlich: ______________________________

b. Das ist ja ein ganz dickes Stück!
Gemeint war wahrscheinlich: ______________________________

c. Danke und Tschüss fürs Mitnehmen.
Gemeint war wahrscheinlich: ______________________________

QF 6 Eins, zwei, viele: In jeder Sprache gibt es Möglichkeiten, zwischen Einzahl (Singular) und Mehrzahl (Plural) zu unterscheiden. Im Türkischen beispielsweise wird im Plural, je nach Vokalharmonie, die Endung *-ler* bzw. *-lar* an Substantive angehängt (ev ‚Haus', evler ‚Häuser'; oda ‚Zimmer' *Sg.*, odalar ‚Zimmer' *Pl.*).
a) Schauen Sie sich die Beispiele an. Welche Möglichkeiten gibt es im Deutschen, den Plural zu markieren?
b) In welchen weiteren Sprachen kennen Sie welche Pluralmarker?

Deutschsprachige Beispiele	**Pluralmarker**
Bank – Banken *Leiter (die) – Leitern*	- en - n
Zimmer – Zimmer *Leiter (der) – Leiter*	
Wolf – Wölfe *Vogel – Vögel*	
Kind – Kinder *Haus – Häuser*	
Oma – Omas *Auto – Autos*	

QF 7 Warum kommt es in den folgenden Beispielen zu unterschiedlichen Pluralformen?

a) ein Mann, zwei **Männer**
Thomas Mann, Heinrich Mann – eine berühmte Familie, die **Manns**!
Begründung: ______________________________

b) der Leiter – die **Leiter**
die Leiter – die **Leitern**
Begründung: ______________________________

QF 8 Wo befinden Sie sich, wenn Sie unterwegs sind?

a) Unterwegs **in Deutschland.**
Sie sind ______________________________

b) Unterwegs **in der Schweiz.**
Sie sind ______________________________

c) Unterwegs **nach Deutschland.**
Sie sind ______________________________

d) Unterwegs **in die Schweiz.**
Sie sind ______________________________

QF 9 Warum werden in den folgenden Beispielen unterschiedliche Präpositionen verwendet? Was ist den Ländern in a) und b) gemeinsam?

a) **nach** Deutschland, **nach** Österreich, **nach** Italien, **nach** Bulgarien, ...

b) **in die** Schweiz, **in die** Türkei, **in die** USA, **in den** Sudan, ...

QF 10 Wie viele türkische Wörter kennen Sie ungefähr?

- ☐ 0–3 Wörter
- ☐ 4–9 Wörter
- ☐ mehr als 9 Wörter
- ☐ mehr als 99 Wörter

QF 11 Türkisch und Deutsch nutzen **lateinische Buchstaben**. Es gibt allerdings ein paar Unterschiede.

a) Welche Buchstaben gibt es im Deutschen, nicht aber im Türkischen?
Nur im Deutschen: ______________________________

b) Welche Buchstaben gibt es im Türkischen, nicht aber im Deutschen?
Nur im Türkischen: ______________________________

c) Welche Buchstaben werden im Türkischen und Deutschen unterschiedlich gesprochen?
Unterschiedliche Aussprache: ________________________

QF 12 Können Sie diese 10 türkischen Wörter ins Deutsche übersetzen?

Türkisch	Deutsch
taksi	
rejisör	
şovman	
çaçaça	
boksör	
sezon	
tişört	
aysberg	
şalter	
fertik	

QF 13 **Sprossvokale** sind Vokale, die zusätzlich eingebaut und gesprochen werden, um die für die deutsche Sprache charakteristischen Konsonantencluster (vgl. H*erbst*, *Strumpf*) aufzubrechen. Bei Sprossvokalen handelt es sich also um Interferenzen, um einen fremdsprachenbedingten Akzent im Deutschen: Sie passieren Personen mit einer anderen Erstsprache als Deutsch, vor allem, wenn die Erstsprache eine ist, die kaum Konsonantencluster kennt (wie z.B. das Türkische oder romanische Sprachen). Sind Sie schon mal einem Sprossvokal begegnet? Wenn ja, war das **schilimm?**
(Weitere) Sprossvokale, denen Sie schon begegnet sind:

____

QF 14 Welche typischen Interferenzen kennen Sie von Deutschsprachigen, die eine Fremdsprache sprechen?
Was macht einen deutschen Akzent aus?

QF 15 Das Englische kennt **Artikel** (*the, a*) aber kein **Genus** (grammatisches Geschlecht). Slawische Sprachen kennen das Genus (*maskulin, feminin, neutrum*), aber – abgesehen vom Bulgarischen – keinen Artikel. Im Türkischen gibt es keine Artikel und kein Genus. Wie ist es im Deutschen, welche Artikel und Genera gibt es?

	Welche?
Artikel	
Genus	

QF 16 *Glue* ist das englische Wort für ‚Kleber, Leim'. Ungarisch und Türkisch sind ***agglutinierende*** Sprachen. Was bedeutet das im Unterschied zur deutschen Sprache, die, wie Bosnisch, Englisch oder Französisch, eine flektierende ist?
Eine agglutinierende Sprache bedeutet: ______________________

QF 17 Skizzieren Sie einen Tisch und tragen Sie die genannte Position der Katze ein. Welche grammatische Regel steckt hinter dem Phänomen dieser so genannten Wechselpräpositionen, die mal den Akkusativ, mal den Dativ fordern?
a) Die Katze liegt ***auf dem Tisch:***
b) Die Katze hüpft ***auf den Tisch:***
c) Die Katze lauert ***unter dem Tisch***:
d) Die Katze kriecht ***unter den Tisch***:

Es gibt folgende 9 Wechselpräpositionen: auf, unter, ______________________

Die Grammatikregel (Akkusativ, wenn ... Dativ, wenn ...) lautet: __________

____

QF 18 „Deutsche Sprache – schwere Sprache", heißt es im Volksmund. Legendär sind auch Mark Twains Ausführungen über „die schreckliche deutsche Sprache": „Wer nie Deutsch gelernt hat, macht sich keinen Begriff davon, wie verwirrend diese Sprache ist." (TWAIN 1985, S. 527–543). Dabei bezieht er sich vor allem auf die fürs Deutsche typischen Klammerstrukturen (HÄGI/TOPALOVIĆ 2010). Können Sie in den folgenden Beispielen die Klammern erkennen und markieren?

a) Ich hole dich später, gegen Abend, vom Bahnhof ab.
b) Was soll ich anziehen? Das rote, recht verwaschene Kleid oder doch lieber einen flotten, pinkfarbenen Rock?
c) Wird dein Zug diesmal pünktlich eintreffen?
d) Das letzte Mal hatte er über eine Viertelstunde Verspätung, und ich musste im Regen und in der Kälte warten und habe natürlich fürchterlich gefroren und geschimpft.
e) Ja, die deutsche Bahn, die einen immer wieder durch ihre Unpünktlichkeit verärgern kann.

QF 19 Schauen Sie sich folgende Partizipformen genau an.
abgeholt, angezogen, eingetroffen, gehabt, gewartet, gefroren, geschimpft

a) Welche Muster und Wortbildungsregeln können Sie erkennen?
b) Mit den obigen Partizip-II-Formen wird u.a. das Perfekt gebildet. Wann brauchen Sie hierfür das Hilfsverb *haben*, wann *sein*?

QF 20 Bildungssprachliche oder konzeptionell schriftliche Texte sind standardsprachliche Texte, die über Raum und Zeit hinweg verständlich bleiben. Sie sind verstehbar, unabhängig davon, wann, wo und von wem sie gelesen werden. Alltagssprachliche oder konzeptionell mündliche Texte funktionieren hingegen anders: Die Dialogpartner sind in der Regel zur gleichen Zeit im gleichen Raum und machen sich diesen Umstand zu Nutze.

a) Welches Setting haben Sie vor Augen, wenn Sie den folgenden Dialog lesen?
b) An welchen Stellen (unterstreichen Sie diese) können Sie im untenstehenden Dialog erkennen, dass er alltagssprachlich verfasst ist?
c) Warum bzw. wie verstehen sich die Sprechenden?

Batikan:	*Mach das ein bisschen auf. [...]*
Bilal:	*Wir machen jetzt Essig da rein.*
Kevin:	*Da hättste so machen müssen.*
Bilal:	*Können wir den Essig haben? Danke.*
Murat:	*Bis zwei Zentimeter, sag stopp!*
Kevin:	*Bei zweihundert musst du messen.*
Bilal:	*Hier, hier!* (QUEHL 2009, S. 197)

5. Sensibilisierung mit dem *Prinzip Seitenwechsel*

Das *Prinzip Seitenwechsel* (TAJMEL 2009a) wurde zur Sensibilisierung von Lehrkräften für die spezielle Situation von Schülerinnen und Schülern, die im Unterricht in einer anderen Sprache kommunizieren müssen als in ihrer besten Sprache, entwickelt und hinsichtlich seiner Wirksamkeit zur die Erhöhung der **Sprachbewusstheit** von Lehrkräften exploriert (TAJMEL 2009a, 2017a). Zentrales Element des *Prinzip Seitenwechsel* ist, dass Lehrende eine typische Aufgabe aus dem Unterricht, die eine Sprachhandlung erfordert, selbst bearbeiten sollen, jedoch nicht unter Verwendung ihrer besten Sprache, sondern ihre zweitbeste Sprache. Damit wird eine Situation simuliert, in welcher die Unterrichtssprache nicht der eigenen besten Sprache entspricht bzw. die eigene beste Sprache nicht die ***legitime*** Sprache darstellt. Es zeigte sich, dass durch das *Prinzip Seitenwechsel* die Sprachbewusstheit der Lehrenden sowohl auf kognitiver Ebene (Bewusstheit über fehlende Wörter und Sprachstrukturen) als auch auf der Machtebene (legitime vs. illegitime Sprache, Unsicherheit, Schamgefühl) erhöht werden konnte (TAJMEL 2017a, S. 291f., vgl. auch TAJMEL 2009a, DÖLL/HÄGI-MEAD/SETTINIERI 2017).

„Prinzip Seitenwechsel": Versuchen Sie, eine Aufgabenstellung, die Sie als Lehrkraft gestellt haben, in einer anderen Sprache selbst zu beantworten.

Wesentlich für das *Prinzip Seitenwechsel* sind die folgenden Merkmale:

- nicht die beste Sprache verwenden zu dürfen: Damit wird die beste Sprache zur nichtlegitimen Sprache.
- situationsangemessen sprachhandeln zu müssen: Damit werden die Handlungsmöglichkeiten eingeschränkt.
- die Beobachtung verschriftlichen zu müssen: Damit wird eine weitere Einschränkung der sprachlichen Register vorgenommen.

Der Ablauf ist folgendermaßen: Die Lehrkräfte erhalten einen Bearbeitungsbogen und werden aufgefordert, einen Vorgang genau zu beobachten und danach den Bogen auszufüllen. Sie sollen diesen Vorgang beschreiben, allerdings nicht in ihrer besten Sprache, sondern in ihrer zweitbesten Sprache bzw. in einer Fremdsprache. Diese Beschreibung soll schriftlich sein. Zur Motivation wird gesagt, dass sie sich vorstellen mögen, in einem Land ihrer Wahl den Physikunterricht zu besuchen und in der entsprechenden Unterrichtssprache diese Aufgabe zu bearbeiten. Sie können also die Sprache frei wählen (was Schülerinnen und Schülern im deutschen Unterricht nicht möglich ist), können daher auch eine Sprache wählen, in der sie sich als kompetent einschätzen.

Vorgehensweise

1. Beobachten Sie! Beschreiben Sie genau, was passiert! Verwenden Sie dazu Ihre **zweitbeste** Sprache (z.B. beste Fremdsprache)!
2. Schätzen Sie: Wie viel Prozent Ihrer Aufmerksamkeit haben Sie bei der Bearbeitung der Aufgabe auf das physikalische Phänomen und wie viel Prozent auf die Sprache gelegt?
3. Hatten Sie Probleme, bei der Bearbeitung der Aufgabe? Wenn ja, welche?
4. Welche Hilfsmittel hätten Ihnen geholfen? Notieren Sie diese!
5. Wie haben Sie sich in dieser Situation gefühlt?

Das *Prinzip Seitenwechsel* kann auf unterschiedliche Aufgabenstellungen angewendet werden. Entwickelt, erprobt und optimiert wurde es in der Anwendung auf die Situation der Beobachtung eines physikalischen Phänomens zum Auftrieb, mit dem so genannten *Kleiderbügelexperiment* (TAJMEL 2009a, 2017a; das Video zum Kleiderbügelexperiment liegt der Publikation „Science Education Unlimited" von TAJMEL/STARL 2009 bei).

5.1 Das Kleiderbügelexperiment

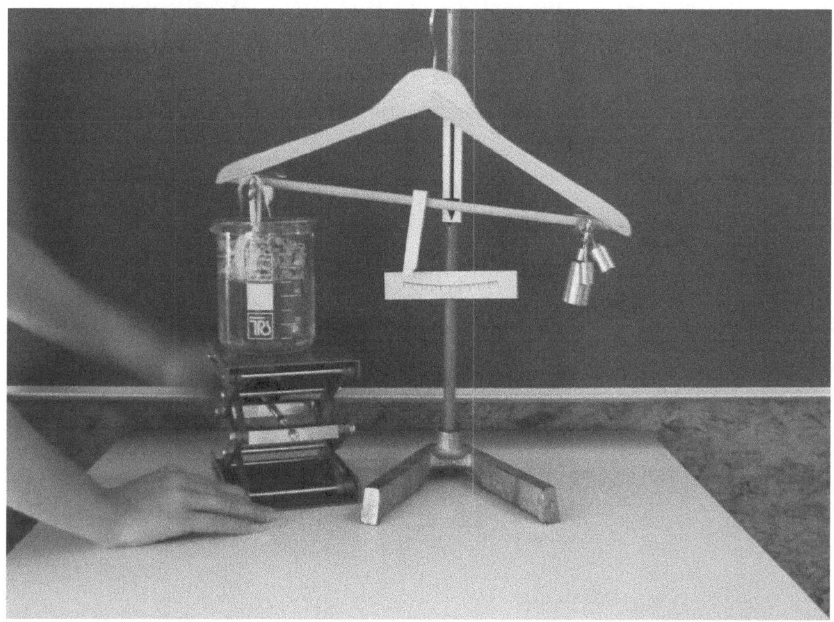

Beschreiben Sie, was Sie beobachten, <u>in Ihrer zweitbesten Sprache</u>!

Abbildung 3: Versuchsaufbau und Arbeitsauftrag zum *Prinzip Seitenwechsel* (TAJMEL 2009a, S. 204)

Der Kleiderbügel wird mittels einer Aufhängevorrichtung so angebracht, dass er frei hängen und sich in alle Richtungen *möglichst reibungsfrei* bewegen kann. Am Kleiderbügel werden auf der einen Seite ein Stein und auf der anderen Seite Gewichte befestigt. Gewichte und Stein halten sich die Waage. Hinter dem Kleiderbügel ist am Stativ ein Pfeil angebracht, der senkrecht nach unten zeigt. Er soll das Lot darstellen. Anstelle des Pfeils kann auch ein Lot (Gewicht an einem Faden) verwendet werden. Am Kleiderbügel ist ein Zeiger befestigt, der sich im waagrechten Zustand des Kleiderbügels mit dem Lot genau in einer Linie befindet, also mit dem waagrechten Balken des Kleiderbügels einen Winkel von 90° einschließt. Zusätzlich kann am Stativ eine Skala angebracht werden, an der der Ausschlag des Zeigers abgelesen werden kann. Unter dem Stein befindet sich ein mit Wasser gefülltes Messgefäß, das auf einer Laborhebebühne steht.

Das Prinzip Seitenwechsel kann auch auf andere Aufgabenstellungen angewandt werden:

z.B. Bildbeschreibung: Beschreiben Sie ein Foto in Ihrer zweitbesten Sprache!

z.B. Mathematik: Erklären Sie in Ihrer zweitbesten Sprache, wie Sie eine Gleichung umgeformt haben! u.a.

Das Gefäß wird auf der Hebebühne langsam nach oben geführt, bis der Stein zur Gänze in das wassergefüllte Gefäß eingetaucht ist. Sobald der Stein in das Wasser taucht, beginnt sich der Kleiderbügel zu neigen, und zwar zu jener Seite hin, an welcher die Gewichte angebracht sind, und von jener Seite weg, an der der Stein ins Wasser taucht. Der Stein bewegt sich nach oben, die Gewichte nach unten. Die Neigung nimmt solange zu, bis der Stein zur Gänze in das Wasser getaucht ist. Danach bleibt die Neigung konstant, auch wenn das Gefäß mit Wasser höher gehoben wird, solange der Stein nicht auf dem Boden des Behälters aufliegt.

Außerdem kann beobachtet werden, dass jener Teil des Steins, der sich im Wasser befindet, größer erscheint als der Teil des Steins, der noch nicht eingetaucht ist.

Variationen

Das hier gezeigte physikalische Phänomen kann mit unterschiedlichen Mitteln demonstriert werden. Entsprechend gibt es unterschiedliche Variationen des Versuchs. Konstant bleiben bei allen Variationen des Versuchsaufbaus ein Waagebalken und ein durchsichtiges, mit Wasser gefülltes Gefäß.

Variiert werden können

a) die Balkenwaage bzw. der Waagebalken (Kleiderbügel, Balkenwaage, o.ä.),
b) die Halterung (Stativ, Kleiderständer, Haken an der Wand, Bügel hängt an einer Schnur, die von jemandem gehalten wird),
c) die Gewichte (Stein, Apfel, o.ä.),
d) der Zeiger (Stift, Pfeil, kein Zeiger),
e) das Lot (senkrechter Stab, Gewicht an Schnur, kein Lot),
f) die Art des Gefäßes (Messbecher, Vase, Krug, o.ä.).

5.2 Ziel des Seitenwechsels

Eine Beobachtung in Worte zu fassen, scheint aus Sicht der Lehrenden keine schwierige Aufgabe zu sein, insbesondere, wenn der Lehrer oder die Lehrerin explizit darauf hinweist, dass keine Fachsprache, sondern die *eigenen* Worte verwendet werden sollen. Was aber, wenn die *eigenen* Worte *nicht deutschsprachig* sind? Diese vermeintlich offene und lernendenfreundliche Situation ist bei genauerer Betrachtung nicht offen und nicht frei von Erwartungen auf Seiten der Lehrperson. Auch in dieser scheinbar offenen Situation gibt es eine bestimmte Sprache, die erlaubte, die legitime Sprache. Damit wird Sprache zu einem Faktor, der darüber entscheidet, wer mitsprechen kann – und somit mitsprache- bzw. sprachhandlungsfähig ist – und wer nicht. Eine Fremdzuweisung seitens der Lehrkraft, wer sprechen darf und wer nicht, ist in der Regel gar nicht notwendig. Je nach Erfahrung mit schulbezogenen Normen haben die Schülerinnen und Schüler die Sprachnormen bereits verinnerlicht und diejenigen, welche nicht über die legitime Sprache verfügen, halten sich zurück. Die legitime Sprache kann mehr oder weniger konzeptionell mündliche Elemente enthalten, je nach der Auffassung der Lehrkraft, was nach ihrem *Ermessen* zulässig ist und was nicht. In jedem Fall ist die erwartete Sprache in dieser Situation Deutsch. Die Anforderung an die Schülerinnen und Schülern sind daher

Beispiele für Antworten von Lehrkräften:

„Mir war es sehr peinlich. Ich dachte, mein Englisch wäre besser."

„Ich konnte nicht genau das ausdrücken, was ich gesehen habe."

„Ich brauchte mehr Zeit."

- Texte in einer bestimmten Sprache (Deutsch) produzieren zu müssen,
- zielsprachliche und fachliche Normen zu erfüllen,
- implizite, den Lernenden (und auch den Lehrkräften) nicht transparente Erwartungen zu erfüllen.

Ziel des *Prinzip Seitenwechsel* ist es, auf der Seite der Lehrpersonen ein Bewusstsein für diese Situation zu schaffen.

Mit dem Seitenwechsel soll eine Situation nicht nur imaginiert, sondern in möglichst ähnlicher Weise *erlebt* werden. Das Erleben tritt an die Stelle der Vorstellung, der Modus, in welchem über diese Situation reflektiert wird, ist der Indikativ und nicht der Konjunktiv. *„Mir fehlt* das Wort für Kleiderbügel" im Gegensatz zu *„Der Schülerin könnte* das Wort Kleiderbügel *fehlen*", *„Ich habe* Stress empfunden und *hatte Angst*, vorlesen zu müssen" im Gegensatz zu *„Der Schüler könnte* durch diese Situation in Stress geraten und Angst haben.". Mit diesem Erleben ist das Erleben einer anderen Machtposition verbunden. Der Schüler oder die Schülerin kann nicht so sprachhandeln, wie er oder sie gerne würde. Die Positon des Schülers oder der Schülerin mit einer *anderen* besten Sprache als der Unterrichtssprache ist daher auch eine unterlegene gegenüber der Position des Schülers oder der Schülerin, für welche die Unterrichtssprache auch die beste Sprache ist. Der *Seitenwechsel* kann also als Wechsel von der superioren Seite auf die inferiore Seite verstanden werden.

5.3 Didaktische Konsequenzen

Theoretisch-normativ folgt das *Prinzip Seitenwechsel* der Nicht-Diskriminierung: Unterricht soll so gestaltet sein, dass Chancengleichheit hergestellt wird. Im Kontext des *Prinzip Seitenwechsel* bedeutet Chancengleichheit: ***Anzustreben, dass alle Schülerinnen und Schüler die gleichen Chancen haben, um fachlich und sprachlich im Unterricht handeln und lernen zu können.*** Dies ist ein grundlegendes Prinzip von nicht diskriminierendem Unterricht.

Wie kann die Unterrichtssituation so gestaltet werden, dass alle Lernenden sich sprachlich äußern können und wollen und somit sprachhandlungsfähig sind?

Auf Basis der durch das *Prinzip Seitenwechsel* gewonnenen Erfahrungen kann nun überlegt werden, welche Möglichkeiten der sprachlichen Unterstützung in dieser Situation sinnvoll wären. Eine Variante ist die Unterstützung durch lexikalische Hilfsmittel. Dabei ist es wichtig, nicht nur

Nomen oder Fachwörter zur Verfügung zu stellen, sondern auch allgemeinsprachliche Mittel (*leichter – schwerer*). Eine solche Unterstützung kann die Sprachhandlungsfähigkeit der Schülerinnen und Schüler erhöhen (TAJMEL 2017a, S. 344).

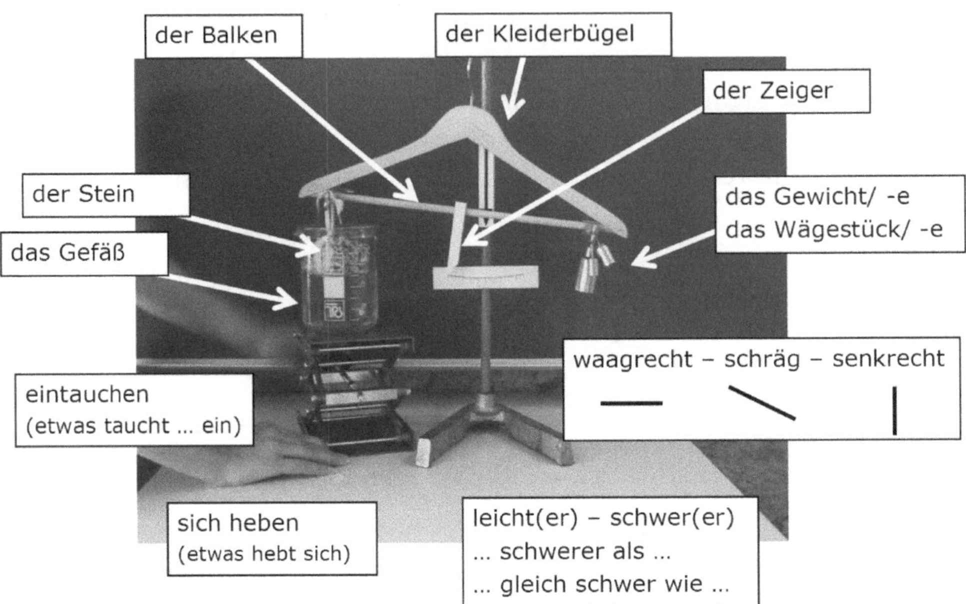

Abbildung 4: Lexikalische Hilfsmittel zum Kleiderbügelexperiment (TAJMEL 2013, 2017a)

Im fachphysikalischen Verständnis wird großer Wert darauf gelegt, dass der Stein durch das Wasser nicht *leichter* wird, weil er keine Masse und damit auch kein Gewicht verliert. Die Äußerung „Der Stein wird im Wasser leichter" wäre daher fachlich-normativ falsch.

Sollen die Begriffe *leicht* und *schwer* trotzdem als lexikalische Mittel angeführt werden? Ja! *Leicht/schwer* sind häufige Begriffe der Alltagssprache, daher sind sie für eine umfassende Sprachhandlungsfähigkeit bedeutsam (vgl. TAJMEL 2017a, S. 324f.).

Leicht/schwer wird im Alltag im Zusammenhang mit Waage und Gewicht verwendet. Wie die Exploration zeigte, greifen auch deutschsprachige Schülerinnen und Schüler, Studierende und Lehrkräfte ganz selbstverständlich auf die Begriffe *leicht/schwer* zurück, wenn sie das Kleiderbügelexperiment auf Deutsch beschreiben. *Leicht sein* hat auch in der Physik mehrere Bedeutungen. So wird das Schweben eines Magneten über einem Supraleiter physikalisch-fachsprachlich als *Levitieren* bezeichnet (von *levitas* [lat.] – Leichtigkeit), obwohl Masse und Gewicht des Magneten gleich bleiben.

Ob und warum *leicht/schwer* als Begriffe im Kontext des Kleiderbügelexperiments passend oder unpassend sind, muss im Physikunterricht sowohl sprachlich als auch fachlich geklärt werden.

Sprachhandlungsfähig zu sein bedeutet daher: (i) Die Begriffe *leicht/schwer* auch in ihrer alltagssprachlichen Verwendung zu kennen und (ii) sie im physikalischen Sinne bewusst zu verwenden oder auf diese Begriffe bewusst zu verzichten.

6. Linguistisches Basiswissen für sprachbewusstes Unterrichten

6.1 Nationalstaaten, Sprachen und Varietäten

Es ist unklar, wie viele Sprachen in der Welt überhaupt existieren. Erschwerend kommt hinzu, dass Sprachen nicht einfach so gezählt werden können (vgl. HINNENKAMP 2010). Es gibt derzeit, je nach Sprachdefinition und Zählung, **etwa 5 000 bis 6 800 Sprachen** weltweit.

Kodifizierung von Sprachen
Definitionsgrundlage für Sprachen können linguistische Kriterien sein, wie der *Abstand* und der *Ausbau*. Der Abstand ist beispielsweise erkennbar, wenn man einen Text im Original und in einer Übersetzung vorliegen hat: Unterscheiden sich mehr als die Hälfte der Wörter, ist von einer *Abstandsprache* die Rede (vgl. KLOSS 1987, S. 302). Typische Abstandsprachen sind beispielsweise Albanisch und Baskisch bezogen etwa auf Bosnisch/Serbisch/Kroatisch oder auf Spanisch und Französisch. Der Ausbau ergibt sich laut KLOSS (ebd.) durch den Gebrauch in den folgenden vier Sphären: Schlüsseltexte (z.B. Bibel), Belletristik, Zusprachetexte (z.B. Vorträge, Predigten, Radio, TV) sowie – und von ganz entscheidender Bedeutung – Sachprosa. Viele Standardsprachen haben Abstand *und* Ausbau. Nur Ausbau haben z.B. die Sprachen Galicisch, Norwegisch, Montenegrinisch oder Slovakisch.

Ein türkischer Schüler (Nationalität) und ein türkischsprachiger Schüler (Sprache) ist nicht dasselbe.

Ist eine Schnittmenge beispielsweise im Wortschatz zu über 50% gegeben, wie beispielsweise im Falle des Österreichischen Deutschs, des Schweizerhochdeutschen und des deutschländischen Deutschs (vgl. AMMON 1995), spricht man von einer Sprache in unterschiedlichen Ausprägungen (Varietäten, vgl. Kap. 2.3). Es können aber auch politische Kriterien eine entscheidende Rolle bei der Definition von Sprache spielen, wie beispielsweise bei Serbisch, Kroatisch, Montenegrinisch und Bosnisch – hier sprechen die Daten linguistisch gesehen für Varietäten einer Sprache (der linguistische Abstand etwa zwischen Serbisch und Kroatisch ist sehr klein bzw. die gemeinsame Schnittmenge besonders groß), auf Grund der politischen Situation werden Serbisch, Kroatisch, Montenegrinisch oder Bosnisch aber als Einzelsprachen gezählt und entsprechend kodiert.

Die *Kodifizierung*, die Festlegung auf eine verbindliche Norm, ist also ein zentrales Kriterium, das eine Sprache von einem Dialekt unterscheidet. Linguistisch gesehen unterscheidet sich beispielsweise Letzeburgisch kaum vom Moselfränkischen, ersteres ist aber kodifiziert und damit eine eigene Sprache, während letzteres vom Standarddeutschen überdacht wird und somit ein Dialekt bleibt. Dialekte wiederum können aber auch von den Sprecherinnen und Sprechern als Sprache eingestuft werden, was beispielsweise bei vielen Deutschschweizerinnen und Deutschschweizern für das Schwyzerdütsche gilt (vgl. HÄGI/SCHARLOTH 2005). Unterschiedlichen Sichtweisen und Handhabungen, durchaus auch unter Linguistinnen und Linguisten, sowie die Tatsache, dass Sprachen aussterben, erklären die unterschiedlichen und sich laufend ändernden Angaben zur Anzahl von Sprachen weltweit.

<table>
<tr><th></th><th>**große**
Ähnlichkeit</th><th>**mittlere**
Ähnlichkeit</th><th>**kleine**
Ähnlichkeit</th></tr>
<tr><td>Identische Wörter</td><td rowspan="2">> 50%</td><td>< 50%</td><td rowspan="2">< 50%</td></tr>
<tr><td>Erkennbare Wörter</td><td>> 50%</td></tr>
<tr><td>**Standardvarietät**
(überdachend)</td><td>**gleiche Sprache**
(plurizentrisch)</td><td colspan="2">**andere Sprache**
(Ausbausprache) *(Abstandsprache)*</td></tr>
<tr><td>**Nonstandardvarietät**
(überdacht/dachlos)</td><td colspan="2">**gleiche Sprache**
(Dialekt, Soziolekt etc.)</td><td>**andere Sprache**
(fremder Dialekt usw.)</td></tr>
</table>

<table>
<tr><th>**BEISPIEL**</th><th></th><th></th><th></th></tr>
<tr><td>Deutsch(ländisch)es Standarddeutsch</td><td>österreichisches, schweizerisches Standarddeutsch</td><td>jiddische, afrikaanse, letzeburgische, niederländische Standardsprache</td><td>französische, englische, türkische Standardsprache</td></tr>
<tr><td></td><td colspan="2">schwäbischer Dialekt, Berndeutsch, Steirisch, Jugendsprachen, etc.</td><td></td></tr>
</table>

Abbildung 5: Definitionsgrundlagen zur Kodifizierung von Sprachen (vgl. BUNČIĆ 2008)

Nationen und Varietäten

Es gibt knapp 200 Staaten auf der Welt (die UNO hat 193 Mitgliedsstaaten. Dies macht sofort deutlich, dass es sich bei Sprache und Nation nicht um eine 1:1-Entsprechung handelt. Sprache und Nation sind also nicht gleichzusetzen und entsprechend kann die Nationalität noch keine Auskunft über die Herkunftssprache(n) geben. Das Herkunftsland eines Schülers oder einer Schülerin sagt also nicht zwangsläufig etwas über seine oder ihre Familiensprache(n) aus. Fragt man nach, welche Sprache/n jemand zu Hause spricht, ist zudem zu berücksichtigen, dass sich Sprachen und Sprachvarietäten in ihrem Gebrauch unterscheiden und unterschiedliche Funktionen haben können. Die Standardvarietät des Deutschen beispielsweise ist in der Schule die Basis fürs Lernen. Entsprechend wird sie auch als Bildungssprache bezeichnet. Schulbuchtexte sind in dieser Varietät verfasst. Davon unterscheidet sich jedoch der Sprachgebrauch auf dem Pausenhof, im Lehrerzimmer oder bei autochthon Deutschsprachigen zu Hause. An diesen Orten trifft man auch Dialekte, Regiolekte, Umgangssprache oder Alltagssprache an (vgl. Kap. 2.3). Sprachen haben unterschiedliche Ausprägungen, werden unterschiedlich realisiert, abhängig von Ort, vom Sprecher bzw. von der Sprecherin, von seinem oder ihrem Gegenüber sowie dem Kommunikationsinhalt und -ziel. Deswegen ist „eine

Sprache sprechen" oder „eine Sprache können" eine Aussage, die ein großes Spektrum von Interpretationen eröffnet und weiter definiert werden muss.

Prestige von Sprachen
Sprachen und Varietäten stehen in einem hierarchischen Verhältnis zu einander und haben entsprechend unterschiedliches **Prestige**. Dieses ist davon abhängig, ob es sich bei einer Sprache um eine Amtssprache in wirtschaftlich und politisch einflussreichen Staaten handelt, ob sie eine Tradition als unterrichtete (Schul-)Fremdsprache und damit einen entsprechenden Bildungswert hat. Eine Rolle spielt natürlich auch die numerische Größe der Sprechergemeinschaft. Gegenwärtig gibt es eine Weltsprache (Englisch), etwa zwölf internationale Sprachen (zu denen auch Deutsch gehört), 100–200 nationale Sprachen und entsprechend viele subnationale Sprachen (vgl. AMMON 2014, S. 63–84). Während linguistisch gesehen sämtliche Sprachen gleichwertig sind, stellen sie aus soziologischer Sicht nach Bourdieu unterschiedliches Kapital dar. 100 Sprachen decken gute 90% der Weltbevölkerung ab, diese hegemoniale Tendenz ist steigend (HINNENKAMP 2010).

Im Wesentlichen gehen soziologische Forschungen zu Sprache auf Arbeiten von Basil BERNSTEIN (1971) zurück, in denen er sozial-schichtspezifische Merkmale der Sprache sowie das Verhältnis von Sprache und Bildung untersuchte. Als Ergebnis identifizierte er eine fundamentale Beziehung zwischen Sprache und sozialer Schicht. Nach Bernstein wird soziale Ungleichheit durch dieses Verhältnis nicht nur abgebildet, sondern auch strukturiert. Dies argumentiert Bernstein damit, dass der Zugang zu Bildung eng an eine soziale Schicht gekoppelt ist, die über eine bestimmte Sprache verfügt. Misserfolg in der Bildung ist demnach in einem verallgemeinerten Sinn als Misserfolg in der Sprache zu sehen (BERNSTEIN 1971; 1999). In der sozialwissenschaftlichen Forschung wurde der Zusammenhang zwischen Sprachgebrauch in sozialen Gruppen und Möglichkeiten der gesellschaftlichen Partizipation insbesondere von Bourdieu untersucht (BOURDIEU 1991). Dem sprachsoziologischen Ansatz Bourdieus nach sind Kommunikationsbeziehungen auch symbolische Machtbeziehungen. Durch sie werden Machtverhältnisse zwischen Sprecherinnen oder Sprechern und ihren sozialen Gruppen aktualisiert (BOURDIEU 1990, S. 11). Sprache kann somit als eine Unterform des *kulturellen Kapitals* aufgefasst werden. NIEDRIG fasst dies folgendermaßen zusammen:

Sprachbewusst sein bedeutet: zu wissen, dass das unterschiedliche Prestige von Sprachen im schulischen Kontext zu Benachteiligung führen kann.

> „Die Position eines jeden Sprechers in der sprachlichen Hierarchie ist bestimmt durch die jeweilige Nähe oder Distanz seiner Sprache zur „legitimen Sprache" des jeweiligen sprachlichen Markts, das heißt zu der Sprachform, die von allen Mitgliedern einer „Sprachgemeinschaft" stillschweigend als die einzig legitime Form des Sprechens in offiziellen Kontexten anerkannt wird. Die legitime Sprache gilt mithin nicht als eine Sprache unter anderen, sondern als die Sprache." (NIEDRIG 2002, S. 2)

6.2 Wortschatz

NODARI/STEINMANN (2008, S. 6, 13, vgl. QF2, S. 22) zeigen anhand der unterschiedlichen Wortschatzangaben ein wesentliches Charakteristikum der Sprache im Fachunterricht auf: den mit dem Unterricht verbundenen **Fachwortschatz**. Ab dem 4. Schuljahr nehmen die Sachfächer an Schulen im amtlich deutschsprachigen Raum zu, damit steigt auch der (geforderte) Wortschatz. Gleichermaßen erklären sich auch die unterschiedlichen Angaben bei Hesse und Goethe. Während ersterer vor allem literarische Texte zu einem Themenbereich verfasst hat, hat letzterer zusätzlich auch Fachtexte unterschiedlicher Disziplinen (etwa juristische oder Abhandlungen zur Farbenlehre) verfasst und entsprechend mehr Vokabular verwendet. Es gibt Untersuchungen, die zeigen, dass im Fachunterricht in einer Unterrichtsstunde mehr neues Vokabular eingeführt wird als im Fremdsprachunterricht (MERZYN 1998). Der produktive Wortschatz eines Erwachsenen umfasst zwischen 50000 und 100000 Wörter (KLANN-DELIUS 2008, zit. nach JEUK 2013, S. 58f.).

Inhaltswörter (auch Autosemantika oder Lexeme) sind solche, die alleine Bedeutung tragen, z.B. die Wörter *kennenlernen, Zug, berühmt, Filmstar, lesen, Zeitung, Speisewagen, setzen, Tisch, gestern.* Man kann sie aneinanderreihen, und auch in ihrer Grundform entstehen durchaus verständliche und je nach Anordnung unterschiedliche Szenen:

- *Gestern Speisewagen berühmt Filmstar Zeitung lesen Tisch setzen kennenlernen.*
- *Berühmt Speisewagen Tisch Zeitung gestern lesen Filmstar kennenlernen.*

Im Gegensatz dazu tragen **Funktionswörter** (auch Synsemantika oder Grammeme) keine eigene Bedeutung. Es handelt sich dabei um kleine, eher unscheinbare Wörter wie *die, im, ein, und, sie, sich, mir, an.* Solche Wörter kann man beliebig anordnen, ohne dass es einen Sinn gibt:

- *ich im ein der die und sie sich zu an als*
- *der ein die und als sich an zu im sie ich*

Bezeichnung	**Inhaltswörter** ***Autosemantika***	**Funktionswörter** ***Synsemantika (Grammeme)***
Definition	Bedeutung tragend	keine eigene Bedeutung tragend
Beispielwörter	*kennenlernen, Zug, berühmt, Filmstar, lesen, Zeitung, Speisewagen, setzen, Tisch, gestern*	*die, im, ein, und, sie, sich, mir, an*
Wortarten	*Substantive, Verben, Adjektive, Adverbien*	*Artikel, Konjunktionen, Subjunktionen, Pronomen*

Abbildung 6: Autosemantika vs. Synsemantika

Funktionswörter setzen Inhaltswörter miteinander in Bezug und präzisieren eine Aussage. Bei der Wortschatzvermittlung stellen diese Wörter eine größere Herausforderung dar, da sie sprachsystematisch nach innen gerichtet sind, also spezifisch zur Organisation der deutschen Sprache gehören. Inhaltswörter hingegen sind nach außen gerichtet und deswegen, etwa durch Übersetzung, leichter in anderen Sprachen greifbar. In einem Text also sind Inhaltswörter auffälliger, greifbarer und einfacher zu vermitteln. Die Funktionswörter, im Beispielsatz fettgedruckt, sind sprachsystematisch hingegen komplexer und gerade deswegen für die Bildungssprache besonders relevant:

> ***Als ich*** *gestern* ***im*** *Speisewagen* ***die*** *Zeitung las, lernte* ***ich einen*** *berühmten Filmstar kennen,* ***der sich zu mir an den*** *Tisch gesetzt hatte.*

Lexikalisch abgespeicherte Grammatik: Der Vorteil von *Chunks*

Mit *Chunks* bezeichnet man Bausteine sprachlicher Äußerungen, die größer sind als ein Wort und als feste Wendung gelernt und verwendet werden. Beispiele sind etwa die Wendungen *aus der Schweiz, mir gefällt/mir gefallen* oder *Danke gut. Und Ihnen?,* die als lexikalische Einheiten gelehrt, gelernt und vor allem verwendet werden können, bevor etwa der Dativ angeeignet wurde. Chunks führen im kommunikativen Bereich zu einem raschen Erfolg (vgl. DIEHL et al. 2000, HANDWERKER/MADLENER 2009). Vor allem ermöglichen sie in ihrer Funktion als Gerüst die Produktion ganzer Texte. Dieses Prinzip liegt der generativen Textarbeit (BELKE 2012, vgl. auch DÖLL/HÄGI/AIGNER 2012, HÄGI 2016) zu Grunde – eine didaktische Herangehensweise, die sich auch für den Fachunterricht eignet.

Die folgende Tabelle zeigt Beispiele für Chunks im naturwissenschaftlichen Unterricht, welche im Zusammenhang mit der Durchführung von Experimenten zum Einsatz kommen können.

Über einen Versuch/ein Experiment sprechen	**Chunks**
Beginnen	„Es wird ein Versuch zum/zur ... durchgeführt." „Das Experiment soll zeigen, dass ..."
Vermutung äußern	„Ich habe die Vermutung, dass ..." „Ich vermute, dass ..." „Vermutlich wird ..."
Versuchsaufbau und Durchführung beschreiben	„Der Versuchsaufbau besteht aus ..." „Für die Durchführung des Experiments benötigt man ..."
Messprozess beschreiben	„Die Messung des ... wird mit dem ... durchgeführt." „Ich messe den ... mit dem ..." „Die Messung ergibt den Wert ..."
Beobachtung beschreiben	„Man kann beobachten, dass ..." „Ich habe beobachtet, dass ..."
Experiment auswerten	„Das Experiment zeigt, dass ..." „Meine Vermutung war richtig/falsch."

Abbildung 7: Beispiele für Satzstrukturen als *Chunks* im naturwissenschaftlichen Unterricht.

Im Sinne einer bildungssprachlichen Kompetenz ist es erforderlich, Chunks irgendwann auch aufbrechen zu lernen. Deswegen ist es so wichtig, dass Wörter zusammen mit grammatischen Informationen (z.B. Genus, Partizip II, Rektion, vgl. Umschlagbild *leichter als, gleich schwer wie*) und auch im lexikalischen Kontext (vgl. auf dem Umschlagbild *waagrecht, senkrecht, schräg*) gelehrt und gelernt werden sollten.

Wörter sollen immer gemeinsam mit den grammatischen Informationen gelehrt und gelernt werden. Für Nomen sind es das *Genus* und der *Plural*. Für Verben sind es der *Infinitiv*, die *3. Person Singular Präteritum* und das *Partizip II*.

Angaben beim Nomen
Genus: letzter Buchstabe des bestimmten Artikels: **r** für **der**, **s** für **das** und **e** für **die**
Plural: Endung:
Beispiel: *s Rechteck, -e; e Gerade, -n*
Angaben beim Verb
Beispiel: *rechnen, rechnete, gerechnet; messen, maß, gemessen*

6.3 Grammatik

Bei den folgenden Ausführungen zu grammatischen Regeln, wie sie Deutsch-als-Fremdsprache-Lehrenden und -Lernenden bestens vertraut sind, geht es darum, dass ein solches Hintergrundwissen und entsprechende Kenntnisse auch für Fachlehrende hilfreich sind: Texte und Sprachäußerungen von Lernenden können besser eingeschätzt werden. Der Sachfachunterricht ist selbstverständlich kein Grammatikunterricht und soll es auch nicht werden (vgl. FAQ 2, Kap. 3) – die sprachlichen Strukturen sind allerdings für die Vermittlung grundlegend und eine Auseinandersetzung mit ihnen ist für eine sprachbewusste Unterrichtsplanung unabdingbar.[6]

Grammatikerwerb

Sehr früh also, ab einem Alter von 3,5 Jahren (!) gilt **der Kernbereich der Grammatik** als erworben. Das bedeutet, dass entsprechende Strukturen bereits sehr früh stark gefestigt sind und einem sprachlichen Halt geben und eine klare Vorstellung darüber, was grammatikalisch richtig und was falsch ist. Der Wortschatz (v.a. Inhaltswörter, vgl. Kap. 6.2) hingegen entwickelt sich auch in der Erstsprache das ganze Leben lang weiter. Dies er-

6 Für weitergehende Auseinandersetzung sei auf die heute noch lesenswerte *Deutsche Grammatik. Ein Handbuch für den Ausländerunterricht* (Helbig/Buscha, 2001) hingewiesen. Kostenlos und online gibt es vom Institut für Deutsche Sprache in Mannheim mit *grammis 2.0* „ein multimediales Internet-Informationssystem zur deutschen Grammatik": „Es richtet sich an alle, die Erklärungen und Hintergrundwissen zu grammatischen Erscheinungen suchen, also insbesondere an Studierende, Lehrende und Sprachwissenschaftler" (http://hypermedia.ids-mannheim.de [Zugriff am 10.08.2015]). Ebenfalls online, konzipiert für (angehende) Studierende ist der *StudiFinder-Kurs Grammatik* (Topalovic/Dünschede/Droste 2015). Empfehlenswert ist außerdem *Grammatik sehen* (Brinitzer/Damm 1999). Die kostenlos zum Download zur Verfügung gestellte Handreichung für den Unterricht (Brinitzer/Damm 2000) bleibt eine didaktische Fundgrube über den Grammatikunterricht hinaus (Hägi 2016, S. 307).

klärt, warum auf grammatische Fehler in der Regel stärker reagiert wird, als auf lexikalische und es erklärt, warum, selbst bei Versprechern, die Grammatik nicht verletzt wird:

Analysiert man die beiden Versprecher in Quizfrage 5 (*Ich gebe mir **keinen Witz** mehr, über Witze nachzudenken* und *Das ist ja **ein ganz dickes Stück***) und vergleicht sie mit dem, was möglicherweise gesagt werden wollte, nämlich *Ich gebe mir **keine Mühe** mehr, über Witze nachzudenken* und *Das ist ja **ein ganz dicker Hund***, so erkennt man, dass die Grammatik bei Versprechern zuverlässig angepasst wird.

In Bezug auf den Grammatikerwerb und einen sprachbewussten Unterricht ist zum einen festzuhalten, dass auf Rezipierendenseite stärker auf grammatische Fehler als auf lexikalische Fehler reagiert wird, da Grammatikstrukturen im natürlichen Spracherwerb in einem sehr frühen Stadium gefestigt sind. In Bezug auf die Sprachproduktion gilt zum anderen, und zwar für Erst-, Zweit- und Fremdsprache gleichermaßen, dass der Erwerb von aufeinander aufbauenden Stufen geprägt ist (vgl. DIEHL et al. 2000), die nicht übersprungen werden können.

Pluralbildung

NEEF (1998) unterscheidet im Deutschen zwei Pluraltypen, den **s-Plural** (vgl. *Autos, Omas, Uhus, ...*) und den **Reduktionssilben-Plural**. Letzterer kann allerdings auf *-en, -e,* oder *-er* enden (vgl. *Lampen, Tische, Fischer, ...*) und bei den letzten beiden kann der Vokal davor umgelautet (ä, ö, ü) werden (-¨(e), -¨er). Ist die Reduktionssilbe im Singular bereits vorhanden (vgl. *Fischer, Franken, ...*), kann sie im Plural übernommen werden (Nullmarker). Praktisch ergeben sich daraus fünf Möglichkeiten, an Nomen im Deutschen den Plural zu markieren (vgl. WEGENER 1999). Diese verteilen sich unterschiedlich auf die drei Genera, wobei bei den Maskulina zwischen schwachen Maskulina (sw Mask.) (d.h. Genitiv lautet auf *-(e)n*) und starken Maskulina (st Mask) (Genitiv lautet auf *-(e)s*) unterschieden wird (vgl. ebd.).

Wort								
Fem			**sw Mask**	**st Mask, Neutrum**				
-s	-(e)n	-¨(e)	-(e)n	-(e)n	-¨(e)	-(e)	-¨er	-s
Oma-s	*Bank-en* *Leiter-n*	*Händ-e* *Mütter-*	*Poet-en* *Junge-n*	*Ohr-en* *Auge-n*	*Füß-e* *Väter-*	*Tag-e* *Leiter-*	*Kind-er* *Häus-er*	*Auto-s*

Abbildung 8: Pluralbildung im Deutschen

Die Pluralbildung im Deutschen ist hochkomplex. Dennoch gibt es ein paar Regeln, die Deutschlernenden (vgl. Kap. 6) durchaus weiterhelfen können. So gehört der Artikel beispielsweise ebenfalls zu den Pluralmarkern (vgl. *der* Leiter – *die* Leiter). Da aber im Femininum Singular der bestimmte Artikel mit dem bestimmten Artikel im Plural identisch ist, muss bei Feminina der Plural immer am Nomen markiert werden (vgl. *die* Leiter – *die* Leitern).

Der s-Plural ist der vorhersagbarste und produktivste (vgl. heute immer häufiger *Taxis* statt *Taxen, Pizzas* statt *Pizzen*). Vorhersagbar ist der s-Plural, der die Silbenstruktur nicht verändert, dann, wenn die Silbenstruktur besonders wichtig ist, wie bei Eigennamen (vgl. *die Manns, die Dagmars, ...*). Zudem ist im Deutschen ein Aufeinandertreffen zweier Silbengipfel nicht möglich (*Silbengipfeladjazenzbeschränkung*, vgl. NEEF 1998), d.h. bei Wörtern auf *-a, -i, -o, -u* kann kein *-e, -en* oder *-er* als Pluralmarker treffen (vgl. *Auto-en[7]), hier greift immer der s-Plural.

Eine weitere zuverlässige Regel besagt, dass der -er-Plural immer dann umlautet, wenn der Laut davor umlautfähig ist (also a, o, u, au) (vgl. *Väter, Häuser, Töchter, ...*).

Artikel und Genus

r Tisch, -e
s Kätzchen, -
Nur den Buchstaben anstelle des Artikels anzugeben, hat einen klaren Vorteil: Der Fokus wird auf das Genus gelegt. Dies ist auch für Pronomen und Adjektivdeklination wichtig. (r in der/einer/welcher/runder, s in das/eines/welches/kleines)

Im Deutschen wird das Genus vor allem durch den Artikel sichtbar. Abhängig vom verwendeten Artikel ist zudem die **Adjektivdeklination**. Sie gehört zu den komplexesten Phänomenen der deutschen Sprache und gilt im Erwerb von Deutsch als Fremdsprache als besonders herausfordernd:

der runde Tisch vs. *ein runder Tisch*

das kleine Kätzchen vs. *ein kleines Kätzchen*

Die Reihenfolge **der, das, die** statt der vielleicht üblicheren *der, die, das* stammt aus der Deutsch-als-Fremdsprache-Didaktik. Maskulina und Neutra verhalten sich oft sehr ähnlich im Unterschied zu Feminina, deswegen ist es sinnvoll und hilfreich, Maskulina und Neutra möglichst zusammen zu visualisieren und abzuspeichern. Auch die Reihenfolge der Fälle (Nominativ, Akkusativ, Dativ, Genitiv) ist in der DaF-Didaktik anders: Sie berücksichtigt Erwerbsreihenfolge und Frequenz und folgt nicht der Latein-Grammatik (hier wäre der Genitiv der 2. Fall).

Regeln, welches Nomen welches Genus hat, sind aus der synchronen Betrachtung eher wenig herzuleiten (etwa Wörter auf *-tum* immer Neutrum, auf *-heit, -keit* immer Femininum). Sinnvoll ist es, das Genus bei neuen Wörtern immer direkt mitzulernen und als Lehrperson entsprechende Angaben (etwa bei der Einführung von Fachwörtern) direkt mitanzugeben (vgl. auf der Umschlagseite: *das* Gleichgewicht).

Der **Nullartikel** wird verwendet u.a. als unbestimmter Artikel im Plural (vgl. *die Tische* vs. *Tische*), bei Namen und als unbestimmter Artikel bei nicht zählbaren Substantiven (vgl. *das Wasser* vs. *Wasser*) im Singular (da im unbestimmten Artikel *ein, eine* immer auch die Zahl *Eins* steckt). Eine fachspezifische Verwendung mit Nullartikel ist z.B. die Äußerung aus der Physik: ***In Luft** kann die Reibung vernachlässigt werden.*

Aus didaktischer Hinsicht ist es sinnvoll, den Nullartikel als Artikel mit anzuführen, da es einen Gedankenschritt spart. So sind normalerweise zwei Denkschritte notwendig:

---

7 Das Sternchen ist ein Zeichen dafür, dass diese Form im Deutschen falsch ist.

1. Schritt: Hat das Substantiv einen Artikel?

2. Schritt: Welcher, bestimmt oder unbestimmt?

Bezieht man den Nullartikel in die Überlegungen mit ein, hat jedes Substantiv im Deutschen immer einen Artikel, der Nullartikel ist einfach eine mögliche Realisierung. Die Regeln, wann er verwendet wird bzw. werden kann, sind überschaubar: Bei Namen oder im Plural unbestimmt (hier zeigt sich im Deutschen mit dem Nullartikel eine Lücke, die in anderen Sprachen realisiert wird, vgl. französisch *les* vs. *des*, deutsch *die* vs. *Nullartikel*). Unter anderem trifft man den Nullartikel häufig bei Ländernamen an.

Ländernamen mit und ohne Nullartikel
Es gibt einige **Ländernamen**, zu denen ein Artikel gehört (*die Schweiz, der Sudan, die Türkei, die USA*, ..), die meisten haben keinen bzw. einen Nullartikel (*Deutschland, Österreich, Großbritannien, Italien*, ...). Grammatische Konsequenzen hat das insofern, als auf die Frage *Wohin?* die Präposition *nach* in Verbindung mit Städte- und Ländernamen erfolgt, die mit Nullartikel verwendet werden (nach Deutschland, Österreich, ...), während bei Ländern mit bestimmtem Artikel die Präposition *in* korrekt ist (*in die Schweiz, in den Sudan*).

(Wechsel-)Präpositionen
In der Regel fordert eine Präposition jeweils einen bestimmten Kasus (z.B. *an, bei, mit, nach, von, seit, zu* verlangen immer den Dativ, hierfür gibt es in der DaF-Didaktik den gleichermaßen dämlichen, wie hilfreichen Merkvers: „Von Ausbeimit nach Vonseitzu, fährst immer mit dem Dativ du", vgl. STEINMANN 2006). Die so genannten Wechselpräpositionen werden sowohl mit Dativ (als lokale Angabe, auf die Frage *wo?* Antwort gebend) als auch mit Akkusativ verwendet (hier steht der Weg, die Richtung im Vordergrund, als Antwort auf die Frage *wohin?*). Von der Erwerbsreihenfolge her und als Konsequenz auf die Frequenz werden die Wechselpräpositionen in der DaF-Didaktik erst mit dem Dativ und dann (deutlich später, damit keine Verwechslung bei den Lernenden entsteht) mit dem Akkusativ eingeführt (vgl. MAURER/NIELSEN/ZÜGER 2002).

Klammerstrukturen
Klammerstrukturen sind für die deutsche Sprache charakteristisch (vgl. HÄGI/TOPALOVIĆ 2010). Sie finden sich vor allem in distanzsprachlichen, z.B. fachsprachlichen Texten. In alltagssprachlichen Kontexten werden in der Regel keine komplexen Klammerbildungen gebraucht. Unterschieden werden Verbalklammern auf der einen und Nominalklammern auf der anderen Seite. Es handelt sich hierbei um ein syntaktisches Grundprinzip und in beiden Fällen gelten die Kenntnisse der Klammerstrukturen als wesentlich für das Dekodieren von Texten. Nominalklammern werden durch Artikel, Pronomina, Präpositionen und Attribute (bzw. einen Nullartikel) geöffnet und in der Regel durch Nomina oder Nominalisierungen geschlossen:

> **Das** rote, recht verwaschen **Kleid** oder doch lieber **einen** flotten, pinkfarbenen **Rock**? *(Artikel + Nomen)*

Verbalklammern (auch Satzklammern) können, wie im Deutsch-als-Fremdsprache-Kontext üblich, gut visualisiert werden (vgl. Abb. 9, 10, 11).

Abbildung 9: Verbalklammer mit Partizipien II (Perfekt) (BOVERMANN 2006, S. 61)

Abbildung 10: Trennbare Verben (BRINITZER/DAMM 1999, S. 34)

Ich bin krank.	Ich	**muss**	im Bett	bleiben.
	Ich	**darf**	nicht	aufstehen.
	Ich	**soll**	viel Tee	trinken..
Ich habe frei.	Ich	**kann**	im Bett	bleiben.
	Ich	**will**	heute nicht	aufstehen.
	Ich	**möchte**	im Bett	frühstücken.

Abbildung 11: Verbklammer mit Modalverben (BÖSCHEL et al. 2010, S. 131)

Trennbare und nichttrennbare Verben

Abholen (vgl. Ich **hole** dich später, gegen Abend, vom Bahnhof **ab**.) ist eines von zahlreichen trennbaren Verben (auch Partikelverben genannt) im Deutschen. Auf sie trifft Folgendes zu:

- Bei der Vorsilbe (z.B. *ab, hin, um*) handelt es um ein Wort, dass als Präposition oder Adverb auch alleine stehen kann (vgl. hingegen eine nicht trennbare Vorsilbe wie *be-* bei bekommen).
- Die Vorsilbe ist jeweils betont (vgl. die betonte, trennbare Vorsilbe *um-* bei umfahren vs. die unbetonte, nicht trennbare Vorsilbe *um-* bei umfahren).
- Bei der Bildung des Partizip II (abgeholt, umgefahren) wird das *-ge-* nach der Vorsilbe eingeschoben. Bei nichttrennbaren Verben wird das Partizip II ohne *-ge-* gebildet (vgl. bekommen, umfahren).

Partizip II und Perfekt

Das Perfekt wird mit dem Partizip II und dem Hilfsverb *sein* oder *haben* gebildet: *Ich habe dich abgeholt, der Zug ist eingetroffen, ich habe gewartet, gefroren, geschimpft, mich geärgert*. Das bedeutet, es sind zweierlei Regelkenntnisse nötig um das Perfekt zu bilden. 1) Wie lautet von dem entsprechenden Verb das Partizip II? 2) Welches Hilfsverb wird verwendet, *sein* oder *haben*? Hilfreich ist es, die jeweiligen Grundregeln zu kennen. Für die Partizip-II-Bildung ist die Unterscheidung grundlegend, ob es sich bei dem Verb um ein starkes (unregelmäßiges) oder ein schwaches (regelmäßiges) handelt.

- Für starke Verben ist ein Vokalwechsel im Präteritum charakteristisch (vgl. *singen, sang, gesungen; bekommen, bekam, bekommen, fahren, fuhr, gefahren*). Das bedeutet für die Partizip-II-Bildung immer eine Endung auf *-en*.

- Bei den schwachen (regelmäßigen) Verben (vgl. *sagen, sagte, gesagt, fragen, fragte, gefragt, grüßen, grüßte, gegrüßt*) endet das Partizip II auf *-t*, zudem wird es um die Vorsilbe *ge-* ergänzt.
- Verben auf *-ieren* bilden das Partizip II auf *-t* und ohne Vorsilbe *ge-* (vgl. *spaziert, finanziert, akzeptiert*).
- Handelt es sich um ein trennbares Verb, wird nach der Vorsilbe ein *-ge-* eingeschoben (abgeholt, eingetroffen).
- Das Hilfsverb *haben* ist bei der Perfektbildung die häufigere und regelmäßige Form (ich *habe* gesungen, bekommen, gesagt, gefragt, gegrüßt).
- Bei Verben der Bewegung und Zustandsveränderung wird das Perfekt mit dem Hilfsverb *sein* gebildet (ich *bin* gefahren, aufgewacht).

Verbstellung: Finites und infinites (nicht finites) Verb
Die Unterscheidung zwischen finitem und nicht finitem Verb ist relevant in Bezug auf die Verbstellung im Satz, die Satzklammer und die Bildung der zusammengesetzten Zeitformen Perfekt (*ich habe gesagt*), Plusquamperfekt (*ich hatte gesagt*), Futur II (*ich werde gesagt haben*).

Ein finites Verb ist eine Verbform mit einer Endung, die grammatische Angaben beinhaltet zu Person (1., 2. oder 3. Person), Numerus (Singular oder Plural) und Tempus (Gegenwart, Vergangenheit). Ein finites Verb ist also die flektierte Verbform, vgl. *du fragst* (zweite Person Singular Präsens). Im Hauptsatz steht das finite Verb stets auf Position 2 (V2, Verbzweitposition), vgl. *Du **fragst** mich? Warum **fragst** du mich? Heute **fragst** du mich schon zum fünften Mal.* Steht auf Position 1 ein anders Satzglied als das Subjekt oder bleibt die Position 1, wie im Ja-Nein-Fragesatz leer, wird das Subjekt dem finiten Verb nachgestellt (Inversion).

Das infinite oder nicht finite Verb hingegen ist die nichtflektierte Verbform, z.B. ein Infinitiv (*fragen*) oder Partizip (*gefragt*). Zusammen können ein finites und ein infinites Verb eine Verbalklammer (Satzklammer, s.o.) bilden (*Du **hast** mich heute doch schon fünfmal **gefragt***). Das infinite Verb steht im Hauptsatz am Satzende (Verbendstellung). In Nebensätzen steht das finite Verb hinter dem infiniten Verb am Satzende: *Ich wundere mich sehr darüber, dass du mich heute schon fünfmal danach **gefragt hast**.*

Komplexe syntaktische Strukturen (Nebensatzstrukturen, Verschachtelungen)
Charakteristisch für Fach- und Bildungssprache ist die größere Komplexität der Strukturen im Vergleich zur Alltagssprache. Nebensätze (auch Gliedsätze) sind abhängige Sätze. Nebensätze lassen sich unterschiedlich einteilen, je nachdem, ob die Satzfunktion im Zentrum steht (*satzfunktionale Perspektive*) oder die Frage, ob der Nebensatz eingeleitet wird oder nicht (*formale Perspektive*) oder ob der inhaltliche Bezug zum Hauptsatz im Vordergrund steht (semantische Perspektive; vgl. BUSSMANN 2008). Beispielhaft werden im Folgenden Nebensatzkonstruktionen vorgestellt:

Satzfunktionale Perspektive

- Satzwertige Erweiterungen von Satzgliedern
  - Nebensatz in der syntaktischen Funktion eines Subjekts (Subjektsatz): ***Dass du das verstehst****, freut mich.* ***Wer wagt****, gewinnt.* ***Ihr dabei zu helfen****, ist eine große Herausforderung.*
  - Nebensatz in der syntaktischen Funktion eines Objekts (Objektsatz): *Er fragt sich,* ***ob er das richtig erklärt hat****. Weißt du,* ***warum das so ist****?*
  - Nebensatz in der syntaktischen Funktion eines Prädikativs (Prädikativsatz): *Womit sie nicht gerechnet hatte, war,* ***dass sie das so schnell durchschauen würde****.*
  - Nebensatz in der syntaktischen Funktion einer adverbialen Bestimmung (Adverbialsatz): ***Er geht zur Apotheke, weil er das Medikament unbedingt braucht****.*
- Attributsätze als Modifizierung von Satzgliedern: *Er hat die Verantwortung,* ***die er zugesichert hatte****, bis zuletzt übernommen.*
- Nebensatz, der sich auf den gesamten Hauptsatz bezieht (weiterführende Nebensatz, relativer Anschluss): *Er schreibt morgen,* ***worauf alle ganz gespannt warten****.*

Formale Perspektive

- Uneingeleitete Nebensätze: *Könnte ich das verstehen, wäre ich zufrieden.*
- Eingeleitete (finite) Nebensätze (Konjunktionalsätze, Relativsätze): ***Wenn ich das verstehen könnte****, wäre ich zufrieden. Die Beispiele,* ***die angeführt werden****, erklären es ganz gut.*
- Infinite (auch verkürzte) Nebensätze sind „satzwertige" Infinitive und Partizipialkonstruktionen: ***Die angeführten Beispiele****, erklären es ganz gut. Es ist immer hilfreich,* ***Beispiele anzuführen****.*

Semantische Perspektive

- **Temporalsätze** stellen mit Konjunktionen wie *während, solange, bis, seit* einen zeitlichen Bezug zum Hauptsatz her.
- **Modalsätze** geben Hinweise über Mittel, Art und Weise oder Begleitumstände eines Geschehens.
- **Kausalsätze** nehmen Bezug auf eine im Hauptsatz beschriebene Ursache. Die Nebensätze werden mit den Konjunktionen *weil, da* eingeleitet.
- **Konditionalsätze** nehmen Bezug auf die Bedingung, eines im Hauptsatz beschriebenen Sachverhalts und werden mit den Konjunktionen *wenn, falls, insofern* eingeleitet.

Semantisch schwer durchschaubare Verknüpfungselemente
Für Nebensatzkonstruktionen, wie sie oben erläutert werden, gilt, dass diese in Bezug auf ihre fach- und bildungssprachlichen Herausforderung unterschiedlich einzuschätzen sind. Es gibt syntaktisch wie semantisch greifbarere und damit durchschaubarere Verknüpfungen. Das gilt zum Beispiel für Relativsätze oder Kausalsätze. Besonders anspruchsvoll hingegen sind Nebensatzstrukturen und Verschachtelungen dann, wenn eine den Nebensatz einleitende Konjunktion inhaltlich schwer zu fassen ist. Das gilt etwa für die Konjunktionen *dass* und *ob*.

6.4 Sprachenvergleich

Kenntnisse über andere Sprachen/Varietäten
Sprachenvergleich bedeutet, sich mindestens zwei Sprachen oder Varietäten genau anzuschauen bzw. genau hinzuhören. Es ist ein wesentlicher Zugang zur Sprachbewusstheit (vgl. Kap. 2.1, 2.2). Sprachenvergleich bedeutet, bewusst Gemeinsamkeiten und Unterschiede wahrzunehmen. Eine genaue Betrachtung führt immer wieder zu Aha-Erlebnissen: Vertrautes wird in einer anderen Sprache oder Varietät entdecket, vermeintlich Vertrautes aus der eigenen Sprache neu hinterfragt. Das Sprachprestige (vgl. Kap. 6.1) führt oft dazu, dass Sprachen, die keine Schulfremdsprachen sind, weniger beachtet werden, auch wenn sie in der Öffentlichkeit durchaus präsent sind. Sprachaufmerksamkeit bedeutet dann, diese Präsenz nicht auszublenden. Es geht dabei nicht darum, andere Sprachen zu lernen oder gar zu können, sondern neugierig, offen und interessiert zu sein, z.B. daran, die Namen (Vor- und Familiennamen) der Schülerinnen und Schüler auch bei nichtdeutschem Alphabet oder nichtdeutscher Lautung möglichst authentisch zu schreiben und auszusprechen.

Es gibt **fünf Buchstaben** im Deutschen, die es im Türkischen nicht gibt (*q, w, x, ß*[8], *ä*, vgl. türk. ***taksi****, şovman*) und **neun Buchstaben**, die es umgekehrt im Deutschen nicht gibt bzw. lautlich anders besetzt sind (j, ş, ç, s, z, y, c, ğ, ı, vgl. türk. ***rejisör****, şalter,* ***çaça****ça,* ***sezon****,* ***aysberg****, Recep Erdoğan*, ...). Das ist überschaubar, auch in Bezug auf andere Migrationssprachen (vgl. *Marie Skłodowska Curie*) und kann, z.B. bei Namen von Schülerinnen und Schülern berücksichtigt werden. Eine korrekte Aussprache oder Schreibweise eines Namens bedeutet immer auch eine Kenntnisnahme bzw. Wertschätzung einer Person. Sich schnell einen Überblick über andere Sprachen zu verschaffen, ist leicht möglich.[9]

Bei **agglutinierenden** Sprachen wird für jede grammatische Funktion genau eine eindeutige Endung an ein Wort gehängt. Es können mehrere Endungen aufeinanderfolgen, wobei die Reihenfolge festgelegt ist, vgl. ungar. *ház* („Haus"), *házam* („mein Haus"), *házaim* („meine Häuser"), *házaimban* („in meinen Häusern"). Im Unterschied dazu drücken die Endungen

8 Im Schweizer Standarddeutsch gibt es kein ß (vgl. *Massnahmen, Bussgeld*, ...).

9 Eine Möglichkeit hierzu bieten die Sprachensteckbriefe auf www.schule-mehrsprachig.at. Ausführliche Sprachbeschreibungen im Internet finden sich zudem auf den Seiten von ProDaZ (https://www.uni-due.de/prodaz/materialien.php) sowie bei Schader 2011. Gelungen und sehr hilfreich ist außerdem die Reihe der Kauderwelsch-Sprachführer (https://www.reise-know-how.de/produktreihe/kauderwelsch-sprachfuehrer-42848).

in **flektierenden** Sprachen mehr als nur eine grammatische Kategorie aus (vgl. *geh-en, Tür-en, ihr-en, ...*). Außerdem können Flexionsendungen eine enge Verbindung mit dem Wortstamm eingehen (vgl. *floh,* das in einer einzigen Wortform Wortstamm, Präteritum, Modus, Person und Numerus vereint oder Wälder, das einen dem Singular gegenüber veränderten Wortstamm mit Endung zeigt). In einer flektierenden Sprache wie dem Deutschen sind Markierungen zum einen redundant, d.h. es gibt Mehrfachmarkierungen, wie z.B. den Plural am Artikel, am Adjektiv und am Nomen (*die verschiedenen Kleider*). Zum anderen sind die Endungen nicht eineindeutig, eine Endung wie *-en* z.B. kann den Infinitiv oder die 1. Form Plural anzeigen ([wir] geh*en*), auch bei einem Adjektiv oder Nomen den Plural (die nett*en* Mensch*en*) markieren oder einen Dativ Singular oder Plural (dem/den nett*en* Mensch*en*).

Aussprache und Interferenzen

Häufig ist es so, dass es ein sprachliches Phänomen, etwa eine Unterscheidung, einen Laut oder eine Struktur, in der einen Sprache nicht gibt und sich dadurch genau an der Stelle ein Akzent oder eine ungewöhnliche Wortwahl bemerkbar macht. So werden deutsche Konsonantencluster beispielsweise mittels Sprossvokalen (vgl. *schilimm,* statt *schlimm, Kölen* statt *Köln,* aber auch eingewanderte und angepasste Wörter wie japanisch *ryukkusakku*) an eine in anderen Sprachen vertrautere Struktur (Konsonant-Vokal-Konsonant) angepasst. Andere Beispiele für Ausspracheinterferenzen sind die fehlende Unterscheidung zwischen *o* und ö oder *u* und ü, zwischen langen und kurzen Vokalen, betonten und unbetonten Silben, die je nach Ausgangssprache schwierig im Deutschen zu erlernen sind. Um entsprechende Laute überhaupt produzieren zu können, müssen sie erst differenziert wahrgenommen werden. Gerade bei neu zugewanderten Schülerinnen und Schülern (vgl. Kap. 7) ist der Fokus auf die Aussprache bzw. die Wahrnehmung neuer Minimalpaare relevant. Didaktisch können folgende Hilfestellungen weiterführen (Hägi 2016, S. 308):

- Durch Summen oder Klopfen können Betonung, Vokallänge oder Intonation hörbar gemacht werden.
- Visualisiert werden können lange und kurze Vokale durch einen Punkt oder Strich unter dem Vokal (vgl. Mu̲s vs. Mụss), Betonungen durch Hervorhebung der betonten Silbe (vgl. ***ụm***fa̲hren vs. ụm***fa̲h***ren).
- Während der *u*- und *o*-Laut kaum Ausspracheprobleme bereiten, kann die Aussprache von ü und ö bzw. der Unterschied zwischen u und ü bzw. o und ö herausfordern. Die Aussprache von ü [y:], [y] bzw. [Y] und ö [ø:], [ø] bzw. [oe] gelingt einfach, wenn beim Sprechen eines i [i:] bzw. e [e:] gleichzeitig die Lippen gerundet werden.
- Auch die Aussprache von ng [ŋ] kann herausfordern und einfach gelingen, wenn beim Sprechen eines n [n:], gleichzeitig mit dem Zeigefinger hinter dem Kinn die Zunge hochgedrückt wird.

6.5 Sprachvarietäten, sprachliche Register

Mündlichkeit – Schriftlichkeit

Während Texte eindeutig gemäß des Mediums in phonisch oder grafisch eingeteilt werden können (ein Text ist entweder gesprochen oder geschrieben), ist eine solch dichotome Einteilung gemäß ihrer Konzeption nicht möglich. Obwohl der Text in einem Prüfungsgespräch gesprochen wird, unterscheidet er sich wesentlich stärker vom ebenfalls gesprochenen Text eines Telefonats mit einem Bekannten und entspricht eher dem Text einer schriftlichen Prüfung, auch wenn das Medium grafisch ist. Der wesentliche Unterschied der Texte besteht nach KOCH und OESTERREICHER (1985) in den Kommunikationsbedingungen, unter denen sie zustande kommen. Dazu zählen das soziale Verhältnis (Freund oder Vorgesetzte), die Anzahl der an der Kommunikation beteiligten Personen (Vortrag oder vertrautes Gespräch), die räumlich und zeitliche Situierung der Kommunikationspartner (Brief, E-Mail, Telefonat), Personenwechsel (spontan, kurzfristig und frei oder langfristig geplant), die Themafixierung (Prüfungsgespräch oder offenes Thema im vertrauten Gespräch), die Spontanität im Gegensatz zur Geplantheit, der soziokulturelle Kontext (gemeinsame Werte, geteiltes Wissen) u.a.m.

Konzeptionell mündlich	Konzeptionell schriftlich
„Man muss das einfach nur auf die andere Seite bringen. Dann kann man das besser rechnen."	*Für die äquivalente Umformung einer Gleichung bedarf es einer Operation auf beiden Seiten der Gleichung, die eine günstigere Grundlage zum weiteren Vorgehen schafft.*

Abbildung 12: Gegenüberstellung konzeptioneller Mündlichkeit und Schriftlichkeit

Dass die passende Sprache von der jeweiligen Situation abhängt, wurde bereits in Kapitel 2 behandelt. Wie sich die Sprachvarietäten in Bezug auf die Unterrichtssituation bzw. den schulischen Kontext ändern können, zeigt die folgende Tabelle für Sprachvarietäten, welche im Physikunterricht Anwendung finden.

UNTERRICHTSSITUATION/ SCHULISCHER KONTEXT	SPRACHVARIETÄT
Lehrervortrag, Unterrichtsgespräch	Unterrichtsgespräche erfolgen in einer Mischung aus konzeptioneller Mündlichkeit und Schriftlichkeit und sind medial mündlich. Sie tragen einerseits dialoghaften Charakter und beinhalten situationsgebundene Verweise, weisen aber auch eine hohe Informations- und Nomendichte sowie fachsprachliche Kollokationen auf. (Beispiel: *„Wenn ich an dem Seil hier ziehe, dann greift die Kraft in diesem Punkt an." – ... dem hier, diesem ...* sind situationsgebundene Verweise; *die Kraft greift an* ist eine fachspezifische Kollokation)
Textaufgaben, Schulbücher	Unterrichtstexte tragen hauptsächlich konzeptionell schriftliche Merkmale. Persönliche Anreden hingegen sind konzeptionell mündliche Elemente. (*„Was passiert, wenn du die Stromstärke erhöhst?"* im Gegensatz zu *„Durch Erhöhung der Stromstärke zeigt sich folgender Effekt ..."*)
Gruppenarbeit	Gespräche in der Gruppe sind konzeptionell mündlich, es werden wenige Nomen verwendet, weil die Gegenstände, über die gesprochen wird, noch zeitlich und räumlich nah sind. Liest man nur die Transkription eines solchen Gesprächs, weiß man mitunter nicht, worum es geht. Die Sätze sind unvollständig und einfach, jedoch funktional und effizient und zur Mitteilung des Inhalts durchaus ausreichend, da das Gespräch an die Situation gebunden ist, in der jede/r das Experiment auch vor Augen hat.
Mündlicher Bericht über eine Gruppenarbeit, Schülerreferat	Mit zunehmender zeitlicher und räumlicher Distanz zum Experiment steigen auch die konzeptionell schriftlichen Elemente. Die Dinge müssen benannt werden, dadurch steigt automatisch die Nomendichte und ein entsprechender Wortschatz wird erforderlich. Es müssen entsprechende Verben in Vergangenheitsform sowie Konnektoren und Pro-Formen wie *zuerst, dann, danach, ...* angewendet werden.
Verfassen eines schriftlichen Berichts, Protokoll	Die Anforderungen an die konzeptionell schriftlichen Fähigkeiten der Schülerinnen und Schüler steigen. Ein Protokoll ist eine eigene Textsorte, es muss eine verallgemeinerte Darstellung des Sachverhalts gegeben werden. Das zeigt sich z.B. darin, dass die Versuchsbeschreibung im Präsens und nicht in einer Vergangenheitsform verfasst wird. Hier tritt bereits jenes „zeitlose", verallgemeinernde Präsens auf, das sich in Fachtexten, in Regeln, in Gesetzen wiederfindet.
Leistungsbeurteilung, Prüfung, Text	Für die Beurteilung der schulischen Leistungen sind in erster Linie Klassenarbeiten, Prüfungsgespräche, Tests und Klausuren ausschlaggebend, Bereiche also, die vornehmlich konzeptionelle Schriftlichkeit, zumeist auch mediale Schriftlichkeit erfordern. Die Schülerinnen und Schüler müssen sich in einer dekontextualisierten, situationsungebundenen Sprache ausdrücken, müssen entsprechendes Fachvokabular verwenden und fachtypische Kollokationen beherrschen. Beispiel: Eine *Kraft wirkt* auf einen Körper.

Abbildung 13: Sprachvarietäten am Beispiel des Physikunterrichts (TAJMEL 2013, S. 245)

Alltagssprache – Bildungssprache – Fachsprache

Register wie Alltagssprache, Bildungssprache oder Fachsprache sind linguistisch nicht ganz einfach zu fassen (vgl. Riebling 2013). Sie haben ihre spezifische Funktion und kommen in der Schule zur Anwendung, die Alltagssprache etwa in Pausengesprächen oder anderen, informellen Dialogen, die Bildungssprache u.a. in Schulbuchtexten und spezifisch Fachsprachliches in den jeweiligen Unterrichtsfächern. Der Übergang zwischen den einzelnen Registern ist fließend. Mehr als spezifische Merkmale für ein Register (etwa Fachwörter für Fachsprache) prägt die Frequenz einzelner Strukturen die Texte. So gibt es etwa keine Grammatikphänomene, die ausschließlich in der Bildungssprache oder Fachsprache Anwendung finden. Jedoch charakterisieren Phänomene wie unpersönliche Konstruktionen, Kompositabildung, Nominalstil, verschachtelte Nebensätze etc. Bildungs- oder Fachsprache durch ihr gehäuftes Vorkommen in entsprechenden Texten.

> Alltagssprache ist mündlichkeitsnah, Bildungssprache ist schriftlichkeitsnah.

Eine Unterscheidung zwischen Alltags- und Bildungssprache ist grundlegend, denn erst die Bildungssprache ermöglicht die Teilhabe an der Bildung, also schulisches Lernen.

Mehrsprachigkeit berücksichtigen bedeutet: der Sprachbildung Zeit einräumen.

Bildungssprache kann bei Schülerinnen und Schülern nicht vorausgesetzt werden. Schülerinnen und Schüler müssen explizit an sie herangeführt werden. Alltagssprache hingegen lernen Schülerinnen und Schüler in der Regel automatisch in der Kommunikation mit der Umgebung und der Bewältigung von alltagsrelevanten Handlungen. Alltagssprachliche Kompetenz wird deutlich rascher erworben (ca. 2 Jahre) als bildungssprachliche, für letztere gilt ein Richtwert von ca. 6 Jahren (Cummins 2004). In den Rahmenvorgaben für den Unterricht ist häufig davon die Rede, dass die Schülerinnen und Schüler bestimmte Sachverhalte sowohl in der Alltagssprache als auch in der Fachsprache ausdrücken sollen (vgl. Bildungsstandards). Hier versteckt sich jedoch eine vermeintliche Normalitätsannahme, nämlich, dass die Alltagssprache (nur) Deutsch ist. Andere Aufforderungen, die ebenfalls auf die deutsche Alltagssprache Bezug nehmen, sind:

Erkläre in deinen eigenen Worten, was (dieses oder jenes) bedeutet!
Was bedeutet Kraft in der Alltagssprache?

Hier ist es wichtig zu bedenken, dass es keine einheitliche Alltagssprache der Schülerinnen und Schüler gibt. „Die Alltagssprache" ist jene Sprache oder sind jene Sprachen, die das Kind im Alltag verwendet.

Bildungssprachliche Besonderheiten sind also zum einen Spezifika, die in der Alltagssprache nicht vorkommen, wie Fachwörter oder zahlreiche Symbole oder Abkürzungen. Zum anderen handelt es sich um Ausdrücke und Strukturen, die in bildungssprachlichen Texten besonders frequent auftreten. Je bewusster entsprechende Ausdrücke und Strukturen Lehrpersonen sind, desto gezielter und expliziter können sie vermittelt werden.

Da Bildungssprache konzeptionell schriftlich ist, ist sie stark normiert. Das bedeutet, es ist geregelt (z.B. durch den Duden oder andere Nachschlagewerke), was richtig und was falsch ist, was verbindlich gilt und angemessen ist. Lehrkräfte sind so genannte Normautoritäten (AMMON 1995, S. 80), das bedeutet, dass sie qua Amt Schülerinnen und Schülern sprachliche Normen beizubringen bzw. darauf zu achten haben, dass diese eingehalten werden. Würden sie die sprachlichen Normen ignorieren und nicht korrigieren, würden sie ihre Aufgabe nicht ordnungsgemäß erfüllen und könnten u.U. ihres Amtes enthoben werden. Dieses Korrigieren (müssen) haben Lehrpersonen stark verinnerlicht. Für den bildungssprachlichen Kompetenzerwerb gilt es jedoch, sich zwei Aspekte bewusst zu machen, die für das Korrigieren Konsequenzen haben. Das ist zum einen die Tatsache, dass sprachliche Fehler unterschiedlich kategorisiert und ressourcenorientiert korrigiert werden können (zu diesem didaktischen Ansatz siehe Kap. 6.8 und 6.9). Zum anderen ist die Bildungssprache Deutsch weitestgehend synonym mit der deutschen Standardsprache und diese ist plurizentrisch, d.h. es gibt mehr als eine Norm und damit in vielen Fällen mehr als eine korrekte Form (vgl. Kap. 2.3, Mehrsprachigkeit).

Bildungssprache

In der folgenden Tabelle findet sich eine Zusammenstellung bildungssprachlicher Merkmale (vgl. GOGOLIN/LANGE 2011, RIEBLING 2013). Die Liste könnte sicherlich noch ergänzt werden oder die Punkte anders angeordnet werden. So wie sie hier abgebildet ist, hat sie sich jedoch in der Praxis bewährt und zwar sowohl, um mögliche Stolperstellen in Texten zu identifizieren, also auch um Lehrpersonen ohne linguistische Vorkenntnisse eine gut verständliche Basis für einen sprachbewussten Unterricht an die Hand zu geben.

Unterschieden werden die drei Ebenen nach *Einheitsgrößen*: einzelne Buchstaben oder Zeichen, Wörter (hier geht es um Wortschatz und Wortbildung), Phrasen und Sätze und schließlich die satzübergreifende Ebene. Je bedeutungstragender ein Ausdruck ist, desto einfacher ist es, ihn didaktisch aufzugreifen, Strukturen sind bedeutend schwieriger zu vermitteln. Hier hat es sich bewährt, sie als Chunks in bedeutungstragenden größeren Einheiten abzuspeichern oder die Strukturen durch Parallelkonstruktionen sichtbar zu machen und herauszuarbeiten.

Wortebene (lexikalisch/morphologisch)	Beispiele
Komposita	*Gummiball, Fußball, Schleuderball, Medizinball, Tennisball, Mittelwert, Richtungsvektor*
Nominalisierungen	*das Werfen, Schlagen, Treffen, die Erwärmung, die Wahrscheinlichkeit, der Rückbezug, die Darstellung, die Beschleunigung, die Erwärmung*
Verbalisierungen	*sich vergewissern, sich absichern, berichtigen, verschönern, erwärmen, vergrößern*
Adjektivierungen	*absichtlich, versehentlich, fangbar, unschlagbar, mittig, gesetzlich, schriftlich*
Partizipien I	*werfend, schlagend, federnd, sich absichernd, erwärmend, verbindend, leitend, informationstragend*
Partizipien II	*geworfen, geschlagen, gefedert, abgesichert, berichtigt, erwärmt, verbunden, geschlossen*
Fachwörter	*Ass, Aufschlag, Volley, slicen, Satz, Topspin, Vorhand, überlobben, Vektor, kongruent, Diskriminante*
Satz/Textebene (syntaktisch/textual)	**Beispiele**
„fachliche Redewendungen" (Kollokationen)	*ein Ass schlagen, ins Aus spielen, das Netz angreifen, auf die Rückhand spielen, eine bittere Niederlage, den Mittelwert bilden, eine Gleichung aufstellen, in einen Fall setzen, eine Bedeutung erfassen, in Lösung gehen*
Genitivattribute	*die Bedeutung* ***des Spiels****, die Würdigung des Gegners/der Gegnerin, die Größe* ***des Winkels***
Partizipialkonstruktionen	*der entscheidende Ball, ein erreichter Ball, ein gekonnter Aufschlag, das erwärmte Medium, die resultierende Kraft, der ausschlaggebende Gedanke*
Pro-Formen (Verweisformen)	*dieser, welcher, dabei, dadurch, deswegen u.a.*
unpersönliche Form, Passiv	*es wird gespielt, der Ball wurde angenommen, es gilt, der Körper wird erwärmt, es wird angenommen*
Präpositionalphrasen	*mit aller Kraft, in aller Munde, ein Schläger mit großem Kopf, unter der Regierung, mittels der Berechnung, in der Regel, aufgrund der Maßnahme*
Satzklammern	*die Spielerin schlägt … auf, der Körper legt einen Weg zurück, das Molekül gibt ein Proton ab*
Symbole	**Beispiele**
Fachsymbole, Abkürzungen, Zeichen, Formelzeichen	15:0, bzw., u.a., i.A., i.d.R., usw. A, a, **a**, *a* =, +, -

Abbildung 14: Merkmale von Bildungssprache mit Beispielen aus Sport und Mathematik

6.6 Modellierung Alltagssprache – Bildungssprache – Fachsprache

An einem Beispiel soll hier die Modellierung von Alltagssprache, Bildungssprache und Fachsprache veranschaulicht werden.

Als eine dreizehnjährige Schülerin schriftlich befragt wurde, ob sie den Begriff *Volumen* schon einmal gehört habe und wisse, was Volumen bedeute, schrieb sie: *„Volumen ist das wenn die haare so gepuscht werden"* (TAJMEL 2017a, S. 231f.). An diesem Beispiel soll illustriert werden, wie eine sowohl sprachliche als auch fachliche Modellierung mit Blick auf das Register Bildungssprache (vgl. dazu *Qualitätsmerkmal Q3*, GOGOLIN et al. 2011) aussehen könnte.

„Volumen ist das wenn die haare so gepuscht werden"

Die Antwort der Schülerin lässt unterschiedliche didaktische Handlungsfelder erkennen, die sich – insbesondere in Hinblick auf den Erwerb bildungssprachlicher Muster – nicht nur durch die Dichotomie Alltag – Fach fassen lassen (vgl. TAJMEL 2017a).

- Dass das Volumen im Kontext mit Haaren genannt wird und daran anknüpfend zum Verständnis des Volumens eines Körpers hingeführt werden soll, eröffnet ein *physikdidaktisches Handlungsfeld.* Die Herausforderung besteht darin, eine Frisur als Körper begreifbar zu machen und das alltägliche situationsbezogene Verständnis in ein abstrakteres fachliches Verständnis zu überführen.
- Dass mit dem fachlichen Konzept von Volumen auch eine fachliche Ausdrucksweise verbunden ist, eröffnet ein *fachsprachdidaktisches Handlungsfeld,* welches eng mit dem physikdidaktischen Handlungsfeld verknüpft ist. Die Herausforderung besteht in der Vermittlung einer fachlichen Sprech- und Schreibweise über Volumen.
- Dass die Antwort der Schülerin eher konzeptionell mündlich als konzeptionell schriftlich ist, eröffnet aber auch ein *bildungssprachdidaktisches Handlungsfeld,* welches primär nicht fachspezifisch ist. Hier stellt sich die Herausforderung, eine bildungssprachlich adäquate Version für den Ausdruck „Volumen ist das wenn die haare so gepuscht werden" zu finden.

Physikdidaktische Perspektive

Aus physikdidaktischer Perspektive stellt sich die Herausforderung, an das Vorwissen bzw. an die Vorerfahrung der Schülerinnen und Schüler anzuknüpfen, also vom Alltagskonzept zum Fachkonzept zu gelangen. Im konkreten Beispiel bedeutet dies, das Konzept von Volumen von jenem von den Schülerinnen und Schülern genannten Kontext (Haare, Frisur) in den fachlichen Kontext (Körper, Rauminhalt) zu überführen. Eine fachsprachliche Antwort auf die Frage, was Volumen sei, ist jene Definition, die im Schulbuchtext angeführt ist:

> *„Das Volumen gibt an, wie groß der Raum ist, den ein Körper einnimmt."*
> (LIEBERS et al. 2000, S. 87)

Varianten dieser Definition lauten: ‚*Volumen ist der Raum, den ein Körper einnimmt*' oder ‚*Volumen ist die Ausdehnung eines Körpers*'. Es wird deutlich, dass die Definition von Volumen nicht ohne das Konzept des ‚Körpers' auskommt. Körper ist ein Ausdruck, der im Alltag breite Verwendung findet, zumeist in Bezug auf den menschlichen Körper (Körperpflege, Köpergröße, etc.), aber auch als Heizkörper, Himmelskörper oder Leuchtkörper. In der Antwort der Schülerin sind – physikalisch betrachtet – die Haare bzw. die ‚Frisur' dieser Körper, der Platz braucht bzw. – fachsprachlich ausgedrückt – Raum einnimmt. Die physikdidaktische Herausforderung besteht darin, plausibel zu machen, dass eine Frisur, ein Stein oder ein beliebiges Ding als *Körper* verallgemeinert werden kann.

Sprachdidaktische Perspektive

Für die Anknüpfung an die Alltagssprache der Schülerin ist primär relevant, wo überall im Alltag von Schülerinnen und Schülern das Wort *Volumen* Verwendung findet, wobei nicht vordergründig nach fachkonzeptkonformen Entsprechungen der Verwendung des Begriffs Volumen gesucht werden soll. So findet sich *Volumen* zwar auf Shampooflaschen, allerdings nicht im Sinne einer Inhaltsangabe in Millilitern (etwa ‚Das Volumen des Shampoos beträgt 250 ml'), sondern explizit im Zusammenhang mit dem Ergebnis, welches die Verwendung des Shampoos verspricht, nämlich eine Vergrößerung des Volumens der Haare (‚mehr Volumen', u.ä.). Es ist daher zu erwarten, dass die Schülerinnen und Schüler das Volumen, selbst wenn Sie an Shampoo denken, eher im Zusammenhang mit den Haaren als im Zusammenhang mit der physikalischen Volumenangabe in Millilitern sehen.

Auch alltagssprachliche Kompetenzen müssen im Unterricht aufgebaut werden.

Das Lehnwort *puschen* (oder *pushen*) kann als alltagssprachlicher und fachunspezifischer Ausdruck betrachtet werden. Es gibt ‚Push-Up'-Shampoos und ‚Push-Up'-Büstenhalter und es wird davon gesprochen, dass ein bestimmtes Shampoo nicht „so richtig gepusht" hat. Es ist somit plausibel, dass in der Alltagssprache der Schülerinnen und Schüler Volumen im Zusammenhang mit ‚puschen' genannt wird. Aus bildungssprachdidaktischer Perspektive ist zu überlegen, welche bildungssprachlichere Variante für das alltagssprachliche Verb *pushen* angeboten werden könnte. Möglichkeiten wären etwa *toupieren* oder *aufbauschen*.

Fachsprachdidaktische Perspektive

Aus fachsprachlicher Perspektive interessiert die Verwendung des Begriffs *Volumen* im fachlichen Kontext sowohl inhaltlich als auch sprachlich. Dazu zählt auch, dass Definitionen ein Prädikativ beinhalten. *Volumen ist ...* Das Prädikativ kann durch eine Hypotaxe im Zusammenhang mit dem Verb *bedeuten* ersetzt werden: *Volumen bedeutet, wieviel Raum ein Körper einnimmt.* Zu den fachsprachlichen Wendungen im Zusammenhang mit Volumen zählen außerdem: *Das Volumen beträgt ... ml. Der Körper hat ein Volumen von ... ml. Das Volumen ist groß/klein/gering* (im Gegensatz zu hoch/niedrig. Die Temperatur hingegen ist hoch/niedrig/gering). Diese Wendungen und das ihnen eigene Vokabular stellen gewissermaßen das fachsprachliche Lernziel dar, auf das hingeführt werden soll (Tajmel et al. 2009).

Eine mögliche Modellierung der unterschiedlichen Sprachvarietäten im Kontext von Volumen, die von der Alltagssprache ausgeht und zur Bildungs- und Fachsprache hinführt, wird in der folgenden Tabelle dargestellt.

Text (Unterstrichen sind jene Elemente, die in der darauffolgenden Zeile modifiziert wurden und **fett** gedruckt sind)	**ursprüngliche Formulierung**	**modifizierte Formulierung**
Volumen ist das wenn die Haare so gepuscht werden.	ist das	entsteht
*Volumen **entsteht**, wenn die Haare so gepuscht werden.*	so gepuscht	hochgedrückt
*Volumen entsteht, wenn die Haare **hochgedrückt** werden.*	wenn … hochgedrückt werden	durch das Hochdrücken (Nominalstil, Nominalisierung)
*Volumen entsteht **durch das Hochdrücken** der Haare.*		
Die Haare brauchen Platz. *Die Frisur braucht Platz.*	Neuer Input, um fachdidaktisch von Frisur zu Körper zu gelangen.	
*Volumen **bedeutet**, wie viel Platz die Frisur braucht.*	die Frisur	ein Körper
*Volumen bedeutet, wie viel Platz **ein Körper** braucht.*	Platz brauchen	Raum einnehmen
*Volumen bedeutet, wie viel **Raum** ein Körper **einnimmt**.*	Raum einnehmen	der Raumbedarf eines Körpers (Nominalstil, Genitivattribut)
*Volumen ist der **Raumbedarf** eines Körpers.*	der Raumbedarf	die Ausdehnung (Fachwort)
*Volumen ist die **Ausdehnung** eines Körpers.*		
Das Wort Volumen wird auch bei Frisuren verwendet.	Rückbezug zur Antwort der Schülerin.	
	das Wort	der Begriff
***Der Begriff** Volumen wird auch bei Frisuren verwendet.*	bei	im Zusammenhang mit
*Der Begriff Volumen wird auch **im Zusammenhang mit** Frisuren verwendet.*	wird verwendet	findet Verwendung (bildungssprachliche Kollokation)
*Der Begriff Volumen **findet** auch im Zusammenhang mit Frisuren **Verwendung**.*		

Abbildung 15: Modellierung von Alltagssprache und Bildungssprache am Beispiel „Volumen“ (TAJMEL 2017a, S. 249)

6.7 Aufgaben, Operatoren und Sprachstrukturen

Als *Operatoren* werden im Kontext von Unterricht und Schule zumeist sprachliche Handlungen verstanden, die etwa im Zusammenhang mit Aufgaben oder Leistungsfeststellungen stehen, z.B. *beschreiben, erklären, interpretieren, skizzieren*. Durch sie werden fachbezogene Kompetenzen operationalisiert. Von der Kultusministerkonferenz herausgegebene und nach Anforderungsbereichen differenzierte Operatorenlisten liegen für nahezu alle Unterrichtsfächer vor (KMK 2013). Genauere Hinweise auf die damit im funktionalen Zusammenhang stehenden erforderlichen Merkmale sprachlichen Handelns werden nicht gegeben (Tajmel 2011a).

Zu den prototypischen Sprachhandlungen zählen: *Berichten, Erzählen, Zusammenfassen, Instruieren, Beschreiben, Vergleichen, Erklären, Begründen, Argumentieren. Berichten* und *Beschreiben* werden als deskriptive Sprachhandlungen früher erworben als die stärker kognitiven Sprachhandlungen *Erklären* und *Argumentieren* (Trautmann 2008, Reich 2011, Neugebauer/Nodari 2012).

Beispiel: Bildungsstandards in den naturwissenschaftlichen Fächern
Die nationalen Bildungsstandards und die Rahmenlehrpläne der Länder stellen institutionale Rahmenbedingungen von Bildung dar. In den 2004 durch die Kultusministerkonferenz verbindlich festgelegten *Nationalen Bildungsstandards* werden Mindestkompetenzen beschrieben, welche die Schülerinnen und Schüler bis zu einer gewissen Jahrgangsstufe erworben haben sollen (KMK 2005). In den naturwissenschaftlichen Fächern Physik, Chemie und Biologie werden diese Standards den vier Kompetenzbereichen Fachwissen, Erkenntnisgewinnung, Kommunikation und Nutzung/Bewertung zugeordnet. Jeder Kompetenzbereich ist nach drei Anforderungsbereichen differenziert. Abbildung 16 zeigt die Kompetenzbereiche und deren Differenzierung in Anforderungsbereiche für den Mittleren Schulabschluss im Fach Physik. In jedem Kompetenzbereich und in nahezu jedem Anforderungsbereich finden sich sowohl explizite als auch implizite Hinweise auf Sprachhandlungen (in der Tabelle fett gedruckt). Als implizite Hinweise sollen Nennungen von Tätigkeiten und Fähigkeiten verstanden werden, denen Sprachhandlungen vorangehen oder nachfolgen bzw. die spätestens dann einer Sprachhandlungen bedürfen, wenn sie überprüft werden sollen.

		Kompetenzbereiche			
		Fachwissen	**Erkenntnis-gewinnung**	**Kommunikation**	**Bewertung**
Anforderungsbereich	I	*Wissen wiedergeben* Fakten und physikalische Sachverhalte **reproduzieren**	*Fachmethoden beschreiben* Physikalische Arbeitsweisen (Experimente) nachvollziehen und **beschreiben**	*Mit vorgegebenen Darstellungsformen arbeiten* Einfache Sachverhalte in Wort und Schrift oder in anderer Form unter Anleitung **darstellen**, sachbezogene **Fragen stellen**	*Vorgegebene Bewertungen nachvollziehen* Auswirkung physikalischer Erkenntnisse **benennen**, einfache Kontexte aus physikalischer Sicht **erläutern**
	II	*Wissen anwenden* Physikalisches Wissen in einfachen Kontexten anwenden	*Fachmethoden nutzen* Strategien nutzen, Experimente planen und durchführen, Wissen **erschließen**	*Geeignete Darstellungsformen nutzen* Sachverhalte fachsprachlich und strukturiert **darstellen**, … Aussagen sachlich **begründen**	*Vorgegebene Bewertungen beurteilen und kommentieren* … zwischen physikalischen und anderen Komponenten einer Bewertung **unterscheiden**
	III	*Wissen transferieren und verknüpfen* Wissen auf teilweise unbekannte Kontexte anwenden	*Fachmethoden problembezogen auswählen und anwenden* Unterschiedliche Fachmethoden (experimentell, mathematisch) zielgerichtet einsetzen, Wissen selbständig **erwerben**	*Darstellungsformen selbständig auswählen und nutzen* Darstellungformen sach- und adressatengerecht **auswählen**, **anwenden** und **reflektieren**	*Eigene Bewertungen vornehmen* … physikalische Erkenntnisse als Basis für die **Bewertung** eines Sachverhalts nutzen, Phänomene in einen physikalischen Kontext **einordnen**

Abbildung 16: Sprachhandlungen (fett gedruckt) in den Kompetenzbereichen für Physik

Noch deutlicher wird die Relevanz von Sprachhandlungen in der näheren Beschreibung der Kompetenzbereiche, wie die folgende Auswahl aus den Fächern Physik, Chemie und Biologie zeigt. (Die Sprachhandlungen sind fett gedruckt; E…Erkenntnisgewinnung, K…Kommunikation, B…Bewertung, F…Fachwissen.)

Physik:
Die Schülerinnen und Schüler ...
F 2 **geben** ihre Kenntnisse über physikalische Grundprinzipien, Größenordnungen, Messvorschriften, Naturkonstanten sowie einfache physikalische Gesetze **wieder**,
K 1 **tauschen sich** über physikalische Erkenntnisse und deren Anwendungen unter angemessener **Verwendung der Fachsprache** und fachtypischer Darstellungen **aus**,
E 1 **beschreiben Phänomene** und führen sie auf bekannte physikalische Zusammenhänge zurück,
E 6 **stellen** an einfachen Beispielen **Hypothesen auf**,
E 10 **beurteilen** die Gültigkeit empirischer Ergebnisse und deren Verallgemeinerung,
B 4 **benennen** Auswirkungen physikalischer Erkenntnisse in historischen und gesellschaftlichen Zusammenhängen.

Chemie:
Die Schülerinnen und Schüler ...
F 1.5 **erklären** die Vielfalt der Stoffe auf der Basis unterschiedlicher Kombinationen und Anordnungen von Teilchen,
K 7 **dokumentieren und präsentieren** den Verlauf und die Ergebnisse ihrer Arbeit situationsgerecht und adressatenbezogen,
E 1 **erkennen und entwickeln Fragestellungen**, die mit Hilfe chemischer Kenntnisse und Untersuchungen, insbesondere durch chemische Experimente, zu beantworten sind,
B 5 **diskutieren** und bewerten gesellschaftsrelevante Aussagen aus unterschiedlichen Perspektiven.

Biologie:
Die Schülerinnen und Schüler ...
F 1.2 **erklären** den Organismus und Organismengruppen als System,
F 3.1 **erläutern** die Bedeutung der Zellteilung für Wachstum, Fortpflanzung und Vermehrung,
E 2 **beschreiben** und vergleichen Anatomie und Morphologie von Organismen,
K 7 **referieren** zu gesellschafts- oder alltagsrelevanten biologischen Themen,

Diese Zitate aus den Nationalen Bildungsstandards verdeutlichen den Stellenwert von Operatoren im Kontext institutionalisierter Bildung. Eine kritische Diskussion der Bildungsstandards hinsichtlich ihrer Funktion, nämlich Selektion oder Orientierung und Information (vgl. FÜRSTENAU 2007), ist wünschenswert, würde jedoch über den Rahmen dieses Bandes hinausreichen. Für den hier verfolgten Zweck ist die Verdeutlichung relevant, dass aktuell Sprachhandlungen bzw. Operatoren für alle in der Praxis stehenden Lehrkräfte ein verbindliches und sehr zentrales Element von Unterricht und Leistungsüberprüfung darstellen. In Kapitel 8 werden Operatoren als mögliche Anknüpfungspunkte für sprachbewusste Unterrichtsplanung vorgestellt.

In den Abbildungen 17 und 18 ist die Einführung zur Arbeit mit Operatoren aus einem Schulbuch für das Fach Chemie für die 7./8. Klasse dargestellt (BÖKER et al. 2013).

Operator	**Was du tun sollst**	**Merkmal**
nennen *benennen*	Zähle Fakten, Daten, Begriffe oder Sachverhalte auf. Sage dabei nicht, ob es gut oder schlecht ist oder warum es so ist.	aufzählen Stichworte
beschreiben	Gib Merkmale von Vorgängen oder Dingen zusammenhängend und geordnet wieder.	im Präsens; ganze Sätze
erklären	Mache einen Vorgang oder einen Sachverhalt verständlich. Sage auch etwas über Zusammenhänge.	„Wenn ..., dann ..." „Um ... zu ..."
erläutern	Veranschauliche einen Sachverhalt. Verwende dabei Informationen und Beispiele.	Präsens; ganze Sätze; mit Beispiel
begründen	Mache verständlich, warum ein Sachverhalt so ist. Führe dies auf Regeln und Gesetzmäßigkeiten zurück.	„Weil ..." „Wegen ..."
formulieren	Drücke einen Sachverhalt oder einen Zusammenhang in der Fachsprache aus.	Fachsprache
recherchieren, sich erkundigen, sich informieren	Suche im Lexikon, im Schulbuch, im Internet nach Informationen zu einem bestimmten Thema oder frage bei Personen nach.	lesen, hören, ansehen, nachfragen
überlegen	Denke über eine Frage nach und finde eine Antwort. Meistens sollst du die Antwort dann auch geben.	nachdenken
bewerten, Stellung nehmen	Sage oder schreibe deine Meinung, ob ein Sachverhalt gut oder schlecht (richtig oder falsch) ist. Begründe deine Entscheidung.	eigene Ansicht + ***begründen***

Abbildung 17: Erläuterung der Operatoren in einem Lehrwerk für den Chemieunterricht (BÖKER et al. 2013)

Aufgabe	Frage	Antwort
Nenne die Eigenschaften eines Gummibärchens!	**Welche** Eigenschaften besitzt ein Gummibärchen?	Weich, süß, durchsichtig, … *Wenn du in ganzen Sätzen antworten sollst:* Ein Gummibärchen ist weich. Ein Gummibärchen besitzt die Eigenschaft, dass es weich ist.
Beschreibe die *Gemeinsamkeiten* von zwei Gummibärchen.	**Welche** Gemeinsamkeiten haben zwei Gummibärchen?	*Beide* Gummibärchen sind süß.
Beschreibe die *Unterschiede* von zwei Gummibärchen.	**Welche** Unterschiede haben zwei Gummibärchen?	Das eine Gummibärchen ist rot, das andere ist gelb. oder *Im Gegensatz zum* roten Gummibärchen ist das andere gelb.
Erkläre, **wozu** man einen Gasbrenner benötigt.	Wozu benötigt man einen Gasbrenner?	Einen Gasbrenner benötigt man, **um** das Gummibärchen **zu** verbrennen. *oder* Einen Gasbrenner benötigt man **zur** Verbrennung des Gummibärchens.
Erkläre, **worauf** man achten muss.	Worauf muss man achten?	Man muss **auf** die Temperatur achten.
Erläutere *den Unterschied* **zwischen** zwei Gummibärchen.	Worin unterscheiden sich zwei Gummibärchen?	Zwei Gummibärchen unterscheiden sich **in** ihrer Farbe. Das eine Gummibärchen ist rot und das andere ist gelb.
Begründe, **warum** ein Gummibärchen verkohlt.	**Warum** verkohlt ein Gummibärchen?	**Wenn** man ein Gummibärchen verbrennt, (dann) findet eine Stoffveränderung statt. **Weil** eine Stoffveränderung stattgefunden hat, ist das Gummibärchen verkohlt.
Formuliere einen Merksatz zum Verbrennen.	**Wie** könnte ein Merksatz zum Verbrennen lauten?	Der Merksatz zum Verbrennen lautet: „Beim Verbrennen findet eine Stoffveränderung statt.“

Abbildung 18: Verwendung von Operatoren in Aufgabenstellungen (Chemie, Thema Stoffumwandlung) mit Beispielen für jene Sprachhandlungen (*Antworten*), welche durch die Operatoren gefordert sind (Tajmel für Böker et al. 2013)

In der zweiten Tabelle (Abb. 18) werden die Operatoren nicht nur auf einer Metaebene deskriptiv behandelt, auch die erforderten Sprachhandlungen werden in ihrer praktischen Anwendung exemplarisch dargestellt. In den angeführten Beispielantworten sind die wesentlichen sprachlichen Merkmale der Sprachhandlung hervorgehoben. Diese stellen Mustertexte dar, an denen sich die Lernenden orientieren können.

6.8 „Fehler“

Äußerungen, die nicht den Sprachnormen des Deutschen entsprechen, werden zumeist ausschließlich als Normverstöße, als „Fehler“ und somit als Defizite behandelt. Es gibt jedoch keine Spracherwerbsprozesse ohne Fehler. Wenn ein zweijähriges Kind „Ball holen“ sagt, dann ist diese Äußerung nach den Regeln und Normen der deutschen Standardsprache eigentlich falsch. Das Verb ist nicht konjugiert, es fehlt der Artikel und daher liegt kein vollständiger Satz vor. Trotzdem würde in diesem Fall niemand sagen: „Das Kind spricht falsch, kann nicht Deutsch, macht Artikelfehler“ o.ä. Das Kind würde auch nicht zurechtgewiesen und korrigiert werden, weil ein allgemeines Bewusstsein darüber besteht, dass zweijährige Kinder eben noch nicht anders sprechen können. Für Sprachenlernende gilt dies ebenso. Der Spracherwerb ist an bestimmte Phasen gebunden (vgl. Niveaubeschreibungen [Döll 2009]) und kann nicht beliebig beschleunigt werden. In der untenstehenden Tabelle sind Beispiele für solche „Fehler“ aufgezeigt, die bei näherer Betrachtung eine sprachliche Ressource darstellen.

Textbeispiel	Ressource	Norm
Der Strom flieste durch den Kabel.	*flieste* … Übergeneralisierung; regelmäßige Präteritumsform *durch den Kabel* … Präpositionalphrase, richtiger Kasus	*floss* … unregelmäßiges (starkes) Verb *durch **das** Kabel* … Genus
Dann muss wir den Schalter anschalten.	Inversion („*dann muss wir*“ und nicht „dann wir muss“)	*Dann **müssen** wir* … Konjugation im Plural
Der Baum schwimmt, weil das Baum aus Holz entsteht.	*weil* … *entsteht* … Nebensatz mit Verbendstellung *aus Holz* … Nullartikel *entsteht* … korrekter Wortstamm (-stehen)	***der** Baum* … Genus ***besteht*** … Wortwahl, Vorsilbe, Semantik

Abbildung 19: Textbeispiele für „Fehler“ (Beispiel „Baum“ entnommen aus Tajmel 2010, Beispiele „Strom“ und „Schalter“ unveröffentlichte Daten, Tajmel)

Zeit und Raum für Fehler

Sogenannte „Fehler“ sind wichtige Hinweise auf Lernprozesse.

Im Spracherwerbsprozess sind Fehler Ausdruck von Entwicklung und Handlung. „Fehlerlose Texte sind eben nicht automatisch ein Indiz für Sprachbeherrschung; sie können das Ergebnis einer geschickten Kombination von Vermeidungsstrategien, Chunks und morphologischen Homonymien sein.“ (Diehl et al. 2000, S. 382) Fehler verdienen also besonderes Augenmerk, da sie Auskunft über Lernstand und Aneignungsprozess geben. Fehlern sollte man deswegen mit Freude und Dankbarkeit begegnen und sich neugierig mit ihnen auseinandersetzen. Jemandem die Möglichkeit zu geben, zu lernen, bedeutet also, ihn einzuladen, Fehler zu machen und Sprache auszuprobieren. Ein entsprechend gestalteter Lernraum ist geschützt, angstfrei und wertschätzend. Typischerweise gehören Wertschätzen, Ermutigen und anteilnehmende Freude am Lernprozess beim kindlichen Erstspracherwerb zum natürlichen Verhalten bei Erziehenden.

Inhalt vor Form: Die Thematisierung sprachlicher Normen und „Fehler“ im Unterricht darf die fachlich-inhaltliche Kommunikation nicht stören.

In Bezug auf den Fremdsprachenerwerb hingegen ist ein so genanntes Fehlertabu (DIEHL et al., 2000, S. 382) charakteristisch. Im traditionellen Fremdsprachenunterricht werden, auch nach der kommunikativen Wende, Form- und damit Grammatikfehler gerne über den Inhalt und damit die kommunikativen Ziele gestellt. Dies korrespondiert mit Korrekturen auf der Grammatik- und Orthografie-Ebene („lower order concerns“) während gerade in Bezug auf Prozessorientierung und Sprachförderung die inhaltlichen Aussagen („higher order concerns“) deutlich relevanter sind (vgl. GIRGENSOHN/SENNEWALD 2012).

Wenn auch die Erkenntnis der Funktion von Fehlern im Spracherwerbsprozess nicht neu ist, so ist doch eine defizitorientierte Perspektive nach wie vor in der Praxis gegenwärtig.

Untersuchungen zur Wirkung von Korrektur (vgl. KRASHEN 2009) stufen diese als wirkungslos ein, wenn sie von außen kommt und der/die Lernende die korrekte Form nicht herleiten kann (BLEYHL 2009, S. 4), denn: „Nur Eigenkorrektur ist wirklich wirksam“ (BRINITZER/DAMM 2000, S. 3). Hierbei hat es sich bewährt, Fehler lernerorientiert zu kategorisieren (vgl. KLEPPIN 1998, TOMASZEWSKI/RUG 1999).

6.9 Fehlersortiertabelle

In einer sehr einfachen Form, da für A1-Lernende konzipiert, sieht zum Beispiel eine Fehlersortiertabelle folgendermaßen aus:

Wow!	Ups ...!	Oh ...!	Keine Chance ...!
richtig (gut)!	grundsätzlich vermeidbare Fehler, Flüchtigkeitsfehler	falsch hergeleitet, falsch abgespeichert, falsch gelernt	(noch) ganz unbekannt

Abbildung 20: Fehlersortiertabelle (adaptiert nach BÖSCHEL/GIERSBERG/HÄGI 2010, S. 176)

Korrekte Formulierungen, Überlegungen oder richtig gewählte Ausdrücke (Spalte 1) sind dann erwähnenswert, wenn sich der oder die Lernende beim Schreiben unsicher war, wenn es sich dabei um etwas neu Gelerntes handelt oder aber die richtige Verwendung nicht selbstverständlich ist. Bei den Ups-Fehlern (Spalte 2) handelt es sich um so genannte Performance-Fehler (vgl. SCHRÖDER 2010, S. 56), die selbst korrigiert werden können, im Unterschied zu den Kompetenz-Fehlern (Oh-Fehlern, Spalte 3). Hier ist allenfalls eine Regelerklärung angebracht, auf jeden Fall eine Richtigstellung.

Beispiel: ***„Der Baumstamm schwimmt, weil das Baum aus Holz entsteht."***

Wow!	Ups ...!	Oh ...!	Keine Chance ...!
Inhaltlich korrekt, verständlich; Relevanz des Materials erkannt; *aus Holz* (Präpositionalphrase); *weil... entsteht* (Nebensatzklammer)	Der Baum ... *das Baum*	Bedeutung von *entstehen*	Fachwort *die Dichte* (noch nicht im Unterricht behandelt)

Abbildung 21: Beispiel für eine ausgefüllte Fehlersortiertabelle

Da auch beim Fremdspracherwerb nur angeeignet werden kann, was sich, mit VYGOTSKIJ (2002) gesprochen, in der Zone der nächsten Entwicklung befindet, ist die Keine-Chance-Spalte eine ganz wichtige: Sie erlaubt den Fokus auf Aspekte (in den Spalten 2 und 3), die die Lernenden weiterbringen, und entlastet ansonsten Lehrende wie Lernende. Das Ausfüllen, auch das wird schnell deutlich, kann weder der/die Lernende noch die Lehrperson allein. Es braucht den Dialog, um dies genauer zu klären. Dieser Dialog bedeutet eine intensive, individuelle Auseinandersetzung mit den Schülerinnen und Schülern und wird von ihnen als große Wertschätzung erlebt.

Ups! Oh! Keine Chance! Ob ein „Fehler" tatsächlich vermeidbar gewesen wäre, kann nur im Dialog mit den Lernenden geklärt werden.

7. Willkommen in der Regelklasse

7.1 Zielgruppe

Willkommen in der Regelklasse – diese Überschrift impliziert einen integrierten Ansatz, der nicht zuletzt auch durch die FörMig-Ergebnisse (vgl. Gogolin et al. 2011) mit einer wissenschaftlich fundierten Präferenz einhergeht: *Wann immer es geht, ist eine integrierte Deutschförderung einer additiven vorzuziehen.* Gleichzeitig wird mit der Überschrift eine Zielgruppe in den Blick genommen, die die Institution Schule und damit vor allem auch die Lehrpersonen vor aktuelle Herausforderungen stellt: die so genannten Seiteneinsteigerinnen und Seiteneinsteiger (kritisch zum Begriff, s. Khakpour 2016) bzw. neu zugewanderten Schülerinnen und Schüler. Auch wenn es sich dabei um keine neue Aufgabe handelt, wie Benholz/Frank/Niederhaus (2016, S. 11) zurecht feststellen; so macht sich aktuell im gesamten amtlich deutschsprachigen Raum die Tatsache bemerkbar, dass diese Aufgabe vom Bildungssystem bislang schlicht nicht „die Aufmerksamkeit und die Ressourcen erhalten [...] [hat], die dafür erforderlich sind“ (ebd., vgl. auch Khakpour 2016, S. 154).

Neu zugewanderte Schülerinnen und Schüler werden für maximal zwei Jahre (BASS 2013/2014) in so genannten Willkommensklassen (auch Auffang-, Vorbereitungs-, oder internationale Förderklassen) unterrichtet. Charakteristisch für diese Zielgruppe ist erstens, dass sie extrem heterogen ist: Den Seiteinsteiger oder die Seiteneinsteigerin gibt es schlichtweg nicht, zu unterschiedlich sind Voraussetzungen wie Herkunftsländer und sprachen, Vorerfahrungen in Bezug auf die Schulbildung sowie die sprachlichen und fachlichen Kompetenzen. Hinzu kommt der unterschiedliche Aufenthaltsstatus der Schülerinnen und Schüler. Die Sorge einer drohenden Abschiebung aber auch spezifische Alltagsprobleme können die Konzentration auf den Unterricht erheblich erschweren (vgl. Frenzel 2016). Zweitens wird für neu zugewanderte Schülerinnen und Schüler im amtlich deutschsprachigen Raum die deutsche Sprache, und zwar ihre bildungssprachliche Ausgeprägtheit, neue Grundlage des schulischen Lernens und drittens muss diese innerhalb kürzester Zeit für die Schülerinnen und Schüler verfügbar gemacht werden, damit sie möglichst rasch dem Regelunterricht folgen können. Auf diese Aspekte bzw. die damit verbundenen didaktischen Implikationen wird im Folgenden genauer eingegangen.

7.2 DaF oder DaZ? – Deutsch als neue Sprache

> „Kolleginnen und Kollegen, die noch keine oder nur wenig Unterrichtserfahrung mit neu zugewanderten Jugendlichen haben, können kaum zwischen ursächlich sprachlichen und fachlichen oder allgemein-kognitiven Defiziten unterscheiden, fühlen sich durch die zusätzliche Aufgabe der Sprachförderung überfordert und sorgen sich um den zeitlichen Mehraufwand und die Erreichbarkeit der angestrebten Standards.“ (Frenzel 2016, S. 25)

Um „zwischen sprachlichen und fachlichen oder allgemein-kognitiven Defiziten“ (ebd.) unterscheiden zu können, ist es hilfreich sich bewusst zu machen, was in Bezug auf neu zugewanderte Schülerinnen und Schüler Deutschlernen bzw. -lehren bedeutet. Da Deutsch im amtlich deutschsprachigen Raum Umgebungssprache ist, Deutsch in entsprechenden Vorbereitungsklassen aber auch institutionell vermittelt wird, handelt es sich bei Deutsch für neu zugewanderte Schülerinnen und Schüler weder um prototypische Deutsch-als-Fremdsprache (DaF)-Vermittlung noch um einen ausschließlichen Deutsch-als-Zweitsprache (DaZ)-Kontext. Lehrpersonen sind also gefordert, sowohl Bezüge zu DaF als auch zu DaZ herstellen zu können.

In Bezug auf DaF bedeutet das u.a., dass Regelkenntnisse wie z.B. Pluralbildungen, Wechselpräpositionen oder die Satzklammer (vgl. Kap. 6.3) hilfreich sind (vgl. Hägi 2016), um sowohl Lerneräußerungen einschätzen zu können als auch mögliche Stolperstellen in Texten, die zu bearbeiten sind, zu identifizieren.

Der Bezug zu DaZ bedeutet u.a., dass eine Unterscheidung zwischen Alltags- und Bildungssprache grundlegend ist: Beides ist für neu zugewanderte Schülerinnen und Schüler relevant: die Alltagssprache, um im amtlich deutschsprachigen Raum sprachliche Alltagssituationen zu bewältigen, Bildungssprache, um schulisch lernen zu können. Wichtig ist für Lehrpersonen zu wissen, dass die Alltagssprache in einem deutlich kürzeren Zeitraum erworben wird (nämlich in ca. zwei Jahren) als Bildungssprache (nämlich in ca. sechs Jahren) (Cummins 2004). Dies erklärt auch, warum die Arbeit an der deutschen Sprache nach dem Unterricht in Vorbereitungsklassen unbedingt im Regelunterricht fortzusetzen ist.

Beim Lernen und Lehren von Deutsch als neuer Sprache greifen auch Gesetzmäßigkeiten, die den meisten aus dem Erstspracherwerb bestens vertraut sind: Inhalt kommt vor Form, Rezeption vor Produktion. Ein Raum, in dem Sprache so viel wie möglich angewandt und ausprobiert werden kann und Fehlern ressourcenorientiert und ermutigend begegnet und sie als sichtbare Lernschritte gewertet werden, schafft optimale Voraussetzungen für Lernwachstum.

7.3 Übergang gestalten

Der Unterricht in Vorbereitungsklassen vermittelt sprachliche Grundlagen. Der Unterricht in der Regelklasse muss auf jenen Grundlagen aufbauen, die in der Vorbereitungsklasse gelegt wurden.

Unterricht in Vorbereitungs- oder Willkommensklassen geht „sprachlich, inhaltlich und die materielle Ausstattung betreffend weit über den klassischen Fachunterricht hinaus“ (FRENZEL 2016, S. 24). Für Lehrkräfte bedeutet es in der Regel eine hohe emotionale Belastung, einen hohen Zeitaufwand sowohl für die Beschaffung und Erstellung von Unterrichtsmaterialien als auch für Beratungsgespräche und für organisatorische Aufgaben. Umso wichtiger wird die Zusammenarbeit im Lehrkräfteteam sowie eine Abstimmung mit Fachlehrkräften und auch mit Herkunftssprachenlehrenden. Diese Zusammenarbeit ist für alle Beteiligten hilfreich und entlastend, sie ist schlichtweg die Basis für gelingendes Lehren und Lernen.

Lehrkräfte in Willkommensklassen brauchen Informationen über die sprachlichen Anforderungen in den Regelklassen. Diese Informationen müssen von den Lehrkräften aus den Regelklassen kommen.

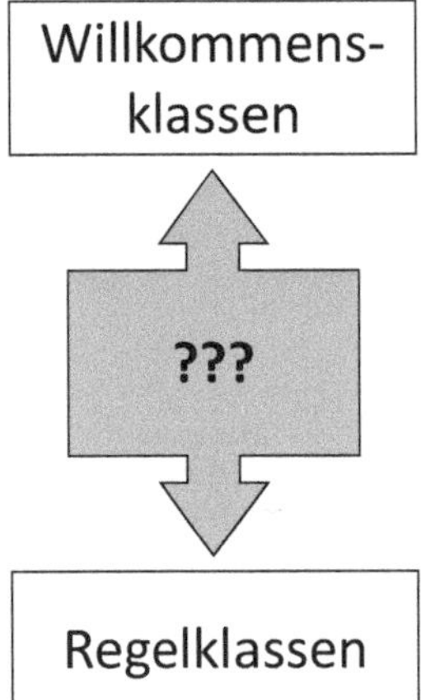

Wovon kann ich ausgehen?

→ Ausgangslage

- Unklare Vorkenntnisse (fachlich, sprachlich)
- Vermutungen, Annahmen
- Höchst unterschiedliche Voraussetzungen
- Erwartungen sind nicht transparent

Wohin möchte ich?

→ Bildungsziele

- Vereinheitlicht (Standards, Lehrpläne)
- Fachliche Ziele sind klar beschrieben
- Sprachliche Ziele sind klar beschreibbar!
- Ziele sind transparent (einigermaßen)

Abbildung 22: Darstellung der unterschiedlichen Herausforderungen für Lehrkräfte in Vorbereitungs- und Regelklassen (TAJMEL 2017b, Vortrag zur Auftaktveranstaltung „Willkommen in der Regelklasse“ am 24.01.2017, Zentrum für Sprachbildung, SenBJS Berlin)

Die Gestaltung des Übergangs von der Vorbereitungs- in die Regelklasse stellt Lehrende vor eine besondere Herausforderung. Soweit es möglich ist, sollte eine Anknüpfung an den Regelunterricht bereits im Vorbereitungsunterricht stattfinden. Das bedeutet, dass auch im Vorbereitungsunterricht an jenen Fachinhalten gearbeitet wird, die im Regelunterricht im Zentrum stehen. Denn diese Inhalte bestimmen das für den Fachunterricht unbedingt notwendige Vokabular und die relevanten sprachlichen Strukturen. Eine Zusammenarbeit von Lehrkräften der Vorbereitungsklassen und der Regelklassen in der Gestaltung des Übergangs muss systematisiert erfolgen und könnte beispielsweise diesem Ablauf folgen:

Gestaltung des Übergangs

1. Schritt: Lehrplanphase – Bezug zu institutionellen Bildungszielen
Vorbereitungs- und Regelklassenlehrkräfte sichten die Fachlehrpläne. In dieser Phase werden Themenbereiche und Sachbezüge identifiziert, an welchen sich die sprachdidaktische Arbeit in den Vorbereitungsklassen orientieren kann. Diese Arbeit wird auch noch im Regelunterricht fortgeführt. Dazu zählen etwa die für einen Themenbereich relevanten Nomen, Verben, Adjektive. Außerdem werden in dieser Phase bereits erste Hinweise auf zentrale Sprachhandlungen, die mit einem Unterrichtsthema untrennbar verbunden sind, gesucht.

2. Schritt: Sichtung des Unterrichtsmaterials – Bezug zum Regelunterricht
Vorbereitungs- und Regelklassenlehrkräfte sichten die Unterrichtsmaterialien (Sachaufgaben, Schulbuchtexte, Aufgabenstellungen [Operatoren!], ...) und erhalten weitere Hinweise auf sprachlich relevante Mittel und Satzstrukturen. In dieser Phase werden zentrale Aufgabenstellungen und Sprachhandlungen ausgewählt, die ganz untrennbar mit dem fachlichen Thema verbunden sind.

3. Schritt: Konkretisierungsraster – sprachliche Analyse der fachlichen Anforderungen
Mit dem Raster werden jene für die fachlichen Handlungen notwendigen sprachlichen Handlungen genauer analysiert. Die Lehrkräfte erarbeiten dazu wenn möglich gemeinsam für diverse Aufgabenstellungen die Konkretisierungsraster. Die Fachlehrkräfte beginnen und formulieren den Erwartungshorizont. Daraus werden jene für diese Aufgaben relevanten sprachlichen Mittel auf Wort-, Satz- und Textebene identifiziert.

4. Schritt: Gezielte Sprachförderung – Erstellung von Materialien
In der Willkommensklasse werden die konkretisierten sprachlichen Mittel geübt, in der Regelklasse werden sie wieder aufgegriffen und nochmals geübt. Dazu werden von Willkommens- und Regelklassenlehrkräfte gemeinsame Materialien erstellt und genutzt.

5. Schritt: Reflexion und Modifikation
Die Lehrkräfte reflektieren gemeinsam: *Müssen die Aufgabenstellungen gegebenenfalls adaptiert werden? Müssen weitere sprachliche Mittel zur Vorbereitung geübt werden?*

Zur Orientierung, welche Fachinhalte in einer bestimmten Klasse in einem bestimmten Fach zentral sind, sollte möglichst eine einheitliche verbindliche Basis herangezogen werden. Diese Basis ist durch die Inhaltsbereiche der Bildungsstandards bzw. durch die Lehrpläne der Länder gegeben.

In einem nächsten Schritt wird jenes Unterrichtsmaterial, welches von den Lehrenden in den Regelklassen eingesetzt wird, gemeinsam mit den Vorbereitungslehrkräften gesichtet. Der Fokus liegt dabei auf relevanten sprachlichen Mitteln. Nicht jedes Kompositum und nicht jedes Fachwort sind gleichermaßen wichtig und relevant. Einen Aufschluss über die Relevanz der unterschiedlichen sprachlichen Mittel erhält man durch die besondere Betrachtung der Sprachhandlungen und durch den Einsatz des Konkretisierungsrasters (Kap. 10). Mit dem Raster werden die für den Fachunterricht relevanten sprachlichen Handlungen genauer analysiert. Diese Analyse kann der Fachlehrer oder die Fachlehrerin alleine, oder auch – das empfiehlt sich – gemeinsam mit dem Lehrer oder der Lehrerin der Vorbereitungsklassen durchführen. Jene sprachlichen Mittel, welche durch die Analyse mit dem Konkretisierungsraster identifiziert wurden, sind für die Vorbereitungslehrkräfte das relevante sprachliche Material, welches geübt werden soll.

7.4 Gezielte Sprachförderung am Beispiel von Textaufgaben

Wie eine Zusammenarbeit von Vorbereitungsunterricht und Regelunterricht gedacht werden und die jeweiligen didaktischen Expertisen der Lehrenden (Sprachdidaktik im Vorbereitungsunterricht, Fachdidaktik im Regelunterricht) bestmöglich genutzt werden könnten, soll am Beispiel des Mathematikunterrichts vorgestellt werden.

Im Themenbereich der rationalen Zahlen geht es im Wesentlichen um die Addition und Subtraktion von positiven und negativen ganzen Zahlen. Für diesen Themenbereich werden in den Lehrplänen für die Sekundarstufe 1 mögliche Inhalte und Kontexte angeführt, in welchen rationale Zahlen eine Rolle spielen. Dazu zählen: *Meereshöhe geografische Lage, Girokonto, Temperatur* und *Thermometer.*

Textaufgaben stellen eine eigene Textsorte dar. In Textaufgaben ist das zu lösende mathematische Problem entsprechend kontextualisiert.

Beispiele für Textaufgaben zu rationalen Zahlen:

- *Der Bauplatz des Rathauses liegt 1,20 m unter der Erdoberfläche. Die Bauhöhe beträgt 19,60 m. Berechne die Höhe des Gebäudes nach Fertigstellung.*
- *Frau Müller besitzt auf ihrem Konto ein Guthaben in der Höhe von 857 €. Sie bucht 953 € ab. Berechne den Kontostand.*
- *Der See Genezareth liegt in Israel. Er ist der tiefstgelegene Süßwassersee. Sein Seegrund liegt 212 m unter Meeresspiegel. Seine maximale Tiefe liegt bei 46 m. Auf welcher Meereshöhe liegt der Seespiegel?*
- *Die Bergstation eines Skilifts befindet sich in 1 438 m Höhe. Der Lift legt von der Talstation bis zur Bergstation eine Höhe von 530 m zurück. Auf welcher Höhe liegt die Talstation?*

Das Besondere und zugleich Schwierige an mathematischen Textaufgaben ist, dass es eigentlich nicht um das Rathaus, den See Genezareth oder den Skilift geht, sondern um die Rechnung mit rationalen Zahlen. Daraus folgt: Eine Wortschatzarbeit zum Thema Skilift, Rathaus oder See Genezareth liegt nahe, würde aber eigentlich nicht wirklich zum Ziel führen, denn in der nächsten Textaufgabe kann ein vollkommen anderes Thema relevant sein (z.B. Temperaturen in der Arktis).

Mit Hilfe des in Kapitel 10 vorgestellten Konkretisierungsrasters können in Zusammenarbeit von Sprach- und Fachlehrkräften jene sprachlichen Mittel identifiziert werden, die allen Textaufgaben zu rationalen Zahlen eigen sind. Diese Mittel zu fördern lohnt sich, denn sie können auf unterschiedliche Kontexte angewandt werden. Ein entsprechendes Raster zu rationalen Zahlen ist in Kap. 12 ausgeführt.

Sprachliche Mittel für „Rationalen Zahlen":

liegen, betragen, besitzen, abbuchen, abheben, überziehen, verfügen (über), sich befinden

unter, ab-, über-, auf-, tief

Höhe (Guthaben, Bauhöhe), Konto, Tiefe

liegen (geografisch) – liegen (auf einer Höhe)

Die Vermittlung und Übung dieser Mittel und Strukturen könnte im Vorbereitungsunterricht stattfinden, da es sich um sprachdidaktische Arbeit handelt.

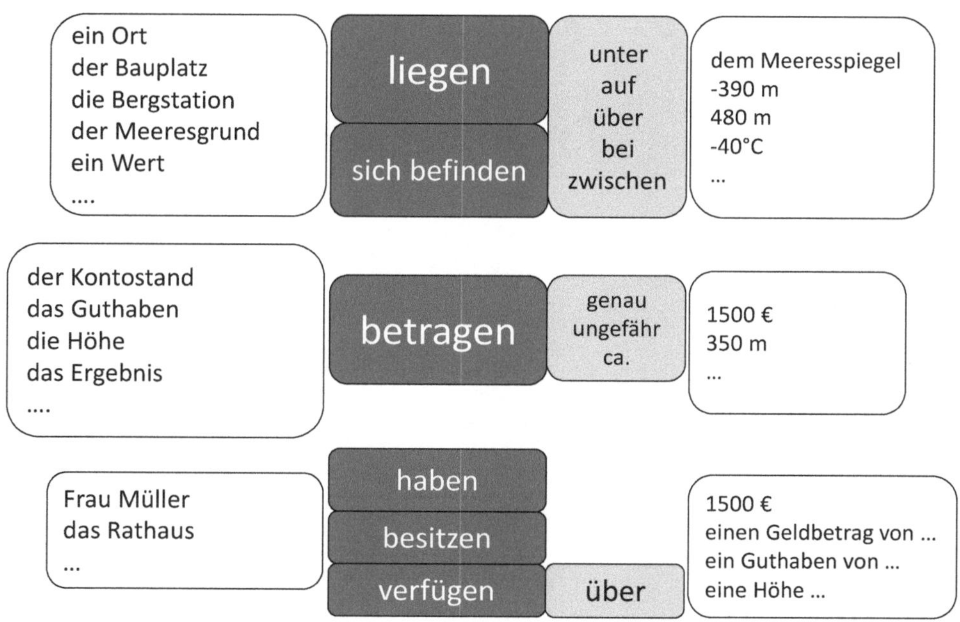

Abbildung 23: Sprachliche Mittel zum Thema „Rationale Zahlen"

Im regulären Mathematikunterricht könnte nun auf diese Strukturen wieder Bezug genommen werden und es könnten die Kontexte variiert werden. Die Schülerinnen und Schüler könnten üben, nach diesem Schema eigene Textaufgaben zu entwerfen.

Vermittlung von Fach- und Bildungssprache

> Die Vermittlung von Fach- und Bildungssprache ist eine prinzipielle Aufgabe des Fachunterrichts.

Sprachbildung ist untrennbar mit der Vermittlung fachlicher Inhalte verbunden und soll und kann nicht in den Vorbereitungsunterricht „ausgelagert“ werden. Der Vorbereitungsunterricht ist als (Übergangs-)Lösung für eine besondere Situation sinnvoll, in der schnellstmöglich sprachliche Grundfertigkeiten in der Unterrichtssprache vermittelt werden müssen, um den Bildungszugang zu gewährleisten.[10]

10 Um den Bildungszugang für geflüchtete Kinder und Jugendliche schnellstmöglich zu gewährleisten, wäre auch ein Unterricht in der Sprache der Schülerinnen und Schüler (z.B. Arabisch) denkbar. Dies sieht das deutsche Bildungssystem allerdings nicht vor, hier sind also institutionelle Grenzen gesetzt.

7.5 Zusammenfassung und Gegenüberstellung der Zuständigkeiten

<table>
<tr><th>Regelklasse</th><th>Vorbereitungsklasse</th></tr>
<tr><td>Die Sache steht im Vordergrund.</td><td>Die Sprache steht im Vordergrund.</td></tr>
<tr><td colspan="2">Lehrplanphase: Fachlehrkraft und Vorbereitungslehrkraft identifizieren gemeinsam die Ziele des Fachunterrichts.</td></tr>
<tr><td colspan="2">Materialsichtung: Fachlehrkraft und Vorbereitungslehrkraft identifizieren gemeinsam mögliche Kontexte und inhaltliche Bezüge des Fachthemas. Dies sind wichtige Hinweise für den Wortschatz, welcher im Vorbereitungsunterricht vermittelt werden soll.</td></tr>
<tr><td>Konkretisierungsphase: Die Fachlehrkraft identifiziert Schlüsselwörter und die fachlich relevanten Sprachhandlungen und erarbeitet dazu Konkretisierungsraster.</td><td>Information: Die Lehrkraft der Vorbereitungsklasse wird über die relevanten sprachlichen Mittel informiert: Sie greift die identifizierten Schlüsselwörter und sprachlichen Mittel auf.</td></tr>
<tr><td>Fachdidaktisches Know-how:
Der Fachlehrer oder die Fachlehrerin führt die Schülerinnen und Schüler sowohl fachlich als auch sprachlich zum fachlichen Bildungsziel hin (Alltagskontext – Fachkontext, Alltagssprache – Bildungssprache, Fachsprache). Die Vermittlung der Fach- und Bildungssprache ist prinzipielle Aufgabe eines jeden Fachunterrichts.</td><td>Sprachdidaktisches Know-how:
Der Lehrer oder die Lehrerin kennt sprachdidaktische Ansätze und wendet geeignete Maßnahmen zur Vermittlung der relevanten Sprache an.
Die Vermittlung grundlegender Sprachfertigkeiten (Alltagssprache, Schreiben und Lesen allgemein) für Deutsch als neue Sprache ist primäre Aufgabe des Vorbereitungsunterrichts.</td></tr>
<tr><td>Die bildungs- und fachsprachlichen Strukturen werden in unterschiedlichen Situationen fachbezogen angewandt und entsprechende Unterstützungen gegeben (Scaffolding). Dadurch werden inhaltliche Variationen möglich.
Die Höhe des Turmes beträgt 18,60 m.
Die Höhe des Guthabens beträgt 3 500 €.
Der Bauplatz liegt 23 m über dem Meeresspiegel.
Die Durchschnittstemperatur liegt bei -15°C.</td><td>Lexik und grammatische Strukturen werden mit geeingeten Materialien auf sprachdidaktische Weise vermittelt und in Bezug auf unterschiedliche Kontexte geübt. 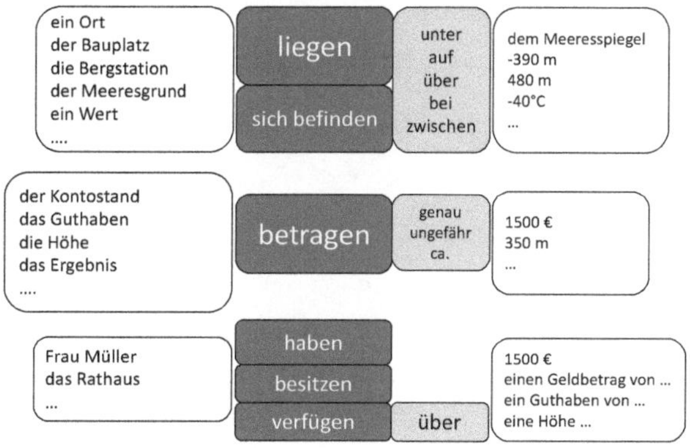

ein Ort / der Bauplatz / die Bergstation / der Meeresgrund / ein Wert / .... | liegen / sich befinden | unter / auf / über / bei / zwischen | dem Meeresspiegel / -390 m / 480 m / -40°C / ...

der Kontostand / das Guthaben / die Höhe / das Ergebnis / .... | betragen | genau / ungefähr / ca. | 1500 € / 350 m / ...

Frau Müller / das Rathaus / ... | haben / besitzen / verfügen | über | 1500 € / einen Geldbetrag von ... / ein Guthaben von ... / eine Höhe ...</td></tr>
<tr><td colspan="2">Reflexionsphase: Die Lehrkräfte reflektieren gemeinsam den Erfolg und die Probleme ihrer Methoden und Materialien und modifizieren diese.</td></tr>
</table>

8. Prinzipien des sprachbewussten Unterrichts

Die hier vorgestellten Prinzipien des sprachbewussten Unterrichts leiten sich aus den im Rahmen von FörMig entwickelten Qualitätsmerkmalen ab, die als allgemeine Orientierung und Grundlagen für Sprachbildung im Unterricht gelten können. Die folgenden Prinzipien sind insbesondere für Lehrkräfte des Sachfachunterrichts formuliert. Ihnen liegt das Modell der kritischen Sprachbewusstheit zugrunde und sie wurden in Hinblick auf die im Folgenden vorgestellten methodischen Ansätze (Planungsrahmen, Schlüsselwortarbeit, Konkretisierungsraster) formuliert.

	Prinzipien
I. ZUSTÄNDIGKEIT	1. Jeder Lehrer und jede Lehrerin ist zuständig für sprachliche Bildung. (*Sensibilisierung, Prinzip Seitenwechsel*)
	2. Sprache ist intrinsischer Bestandteil einer jeden fachlichen Unterrichtsplanung. (*Planungsrahmen*)
II. ZIELKLARHEIT	3. Bildungssprache ist Ziel und nicht Voraussetzung des Unterrichts. (*sprachliches Basiswissen*)
	4. Die Lehrkraft kennt die sprachlichen Anforderungen ihres Unterrichts. (*Schulbuchtexte, Schlüsselbegriffe, u.a.*)
	5. Die Lehrkraft kennt die sprachlichen Lernziele ihres Unterrichts. (*Konkretisierungsraster, Erwartungshorizonte*)
III. KNOW-HOW	6. Der Unterricht knüpft sowohl sprachlich als auch fachlich an die Lebenswelt der Schülerinnen und Schüler an. (*Niveaubeschreibungen*)
	7. Im Unterricht werden all jene sprachlichen Mittel zur Verfügung gestellt sowie Maßnahmen ergriffen, damit alle Schülerinnen und Schüler sprachhandlungsfähig sind. (*Sprach- und fachdidaktische Ansätze*)

Sich zuständig fühlen bedeutet vor allem, auch den Fachunterricht als Sprachunterricht zu erkennen. Während im Sprachunterricht die Sprache das Ziel des Unterrichts und die Inhalte das Mittel zur Erreichung dieses Ziels darstellen, ist im herkömmlichen Verständnis des Fachunterrichts der fachliche Inhalt das Ziel und die Sprache das Mittel, um dieses Ziel zu erreichen. Auch im Fachunterricht ist die Sprache immer Unterrichtsmittel und Unterrichtsziel gleichermaßen.

Teil II
Methoden der sprachbewussten Unterrichtsplanung

Im Folgenden werden Methoden vorgestellt, die zur sprachbewussten Unterrichtsplanung herangezogen werden können: der Planungsrahmen, das Konkretisierungsraster und die Schlüsselworttabelle. Allen Methoden ist gemein, dass sie primär von den fachlichen Lernzielen ausgehen und die sprachlichen Lernziele daraus ableiten.

Schritte der sprachbewussten Unterrichtsplanung

1. Schritt: *Planungsrahmen erstellen*
2. Schritt: *Sprachhandlungen identifizieren, Aufgaben formulieren*
3. Schritt: *Konkretisierungsraster anwenden*
4. Schritt: *Schlüsselwörter identifizieren*
5. Schritt: *Didaktische Maßnahmen überlegen*
6. Schritt: *Planungsrahmen überarbeiten*

9. Planungsrahmen

9.1 Zweck des Planungsrahmens

Damit Sprache und Sprachförderung ein inhärenter Teil des Sachfachunterrichts werden, muss Sprache bereits in der Unterrichtsplanung mitberücksichtigt werden. Im Folgenden wird kurz die deutsche Adaption eines Planungsrahmens vorgestellt, welcher auf Arbeiten von Gibbons zurückgeht (vgl. GIBBONS 2002, SOMANI/MOBBS 1997, TAJMEL 2009b). Kurz deshalb, weil der Planungsrahmen in Band 4 der Reihe FÖRMIG-Material („Sprachbildung im Sachunterricht der Grundschule") von Thomas QUEHL und Ulrike TRAPP auf bestmögliche Weise und unter Rückbezug auf das Scaffolding-Konzept eingeführt, aufbereitet und in seiner praktischen Anwendung dargestellt wurde.

Der Planungsrahmen stellt auf sehr übersichtliche und gut nachvollziehbare Art und Weise dar, wie Sprache in die fachliche Unterrichtsplanung integriert werden kann.

Er besteht aus den fünf Bereichen *Thema, Aktivitäten, Sprachfunktionen, Sprachstrukturen* und *Vokabular*. Die Aktivitäten (allgemeine und sprachliche) werden zunächst alle notiert und dann differenziert in Aktivitäten des *Hörens, Sprechens, Lesens* und *Schreibens*. Im nächsten Schritt werden die Sprachhandlungen (Sprachfunktionen, Mitteilungsbereiche) der einzelnen Aktivitäten einer genaueren Betrachtung unterzogen und unterschieden zwischen *Beschreiben, Erklären, Erläutern, Aufzählen*, usw. Danach werden für die einzelnen Sprachhandlungen die typischen Sprachstrukturen (z.B. typische Satzanfänge, typische Satzstrukturen u.a.) aufgelistet. In der rechten Spalte wird schließlich das gesamte Vokabular eingetragen, welches für dieses Unterrichtsthema relevant ist.

Die Stärke des Planungsrahmens ist es, einen umfassenden Überblick über alle geplanten Sprachaktivitäten des gesamten Unterrichts zu bieten. Der in Hinblick auf den Erwerb der Bildungssprache so wichtige Aspekt, dass die Schülerinnen und Schüler vielfältige Gelegenheiten erhalten, sprachlich zu handeln, also viel zu sprechen, zu schreiben, zu lesen und zu hören, wird durch den Planungsrahmen sehr deutlich. Stellt sich nach Erarbeitung des Planungsrahmens heraus, dass die Aktivitäten zu einseitig sind (z.B. viel Lesen, aber kaum Gelegenheiten zum Schreiben), so kann nachgesteuert werden. Damit ist der Planungsrahmen nicht nur eine Methode zur Unterrichtsplanung, sondern auch eine wertvolle Grundlage zur Reflexion des Unterrichts.

9.2 Vorgehensweise

Geplant wird nach den folgenden Leitfragen:

- ***Welches Thema wird behandelt?***
- ***Welche Aktivitäten beinhaltet dieser Unterricht?***
- ***Welche Gelegenheiten zum Hören, Sprechen, Lesen und Schreiben beinhalten diese Aktivitäten? Welche Sprachhandlungen sind damit verbunden?***
- ***Welche Sprachstrukturen sind dafür notwendig?***
- ***Welches Vokabular wird für den gewählten Themenbereich benötigt?***

<table>
<tr><th>Thema</th><th>Aktivitäten und Sprachhandlungen</th><th>Sprachstrukturen</th><th>Vokabular</th></tr>
<tr><td rowspan="5"></td><td colspan="2">ALLGEMEIN:</td><td rowspan="5"></td></tr>
<tr><td>HÖREN:</td><td></td></tr>
<tr><td>SPRECHEN:</td><td></td></tr>
<tr><td>LESEN:</td><td></td></tr>
<tr><td>SCHREIBEN:</td><td></td></tr>
</table>

Abbildung 24: Planungsrahmen zur sprachbewussten Unterrichtsplanung (vgl. TAJMEL 2009b, 2012)

Thema	Aktivitäten und Sprachhandlungen	Sprachstrukturen	Vokabular
Physik, **7. Klasse** ***Messung des Volumens von verschiedenen Körpern***	**ALLGEMEIN:** In Partnerarbeit: Messgefäße auswählen, Messgefäße befüllen, Wasserstand ablesen, Messwert ablesen, Messwerte in Tabelle eintragen, Volumen ermitteln, Ergebnisse vortragen		s Wasser, -; r Messwert, -e; r Körper, -; s Volumen, -; r Tennisball, ä -e; s Ergebnis, -e; e Formel, -n
	HÖREN: Die Anweisungen des/der LehrerIn **befolgen**; Dem Vortrag der anderen Gruppen **folgen**	**Achtet** bitte **darauf**, dass ihr nicht zu viel Wasser einfüllt! **Lest** die Messwerte bitte genau **ab**!	achten **auf** ..., achtgeben **auf** ...; **in** eine Tabelle eintragen
	SPRECHEN: a) Vorgang der Volumenmessung **beschreiben**; b) Berechnung **erklären**; c) Ergebnisse **vortragen**	a) **Zuerst** haben wir das Messgefäß befüllt. **Dann** haben wir den ersten Messwert abgelesen. **Danach** haben wir den Tennisball in das Wasser getaucht und haben den zweiten Messwert abgelesen. Der zweite Messwert ist größer als der erste Messwert. b) Das Volumen des Körpers haben wir errechnet, **indem** wir den 1. Messwert vom 2. Messwert **abgezogen haben**. Die Formel dazu lautet: V = V2-V1 Das **Volumen** des Körpers **ist gleich** der 1. Messwert **weniger** dem 2. Messwert. c) Der Tennisball **hat** ein Volumen **von** ...ml. Das Volumen des Tennisballs **beträgt** ... ml.	achtgeben, gab acht, achtgegeben befüllen, befüllte, befüllt ablesen, las ab, abgelesen eintauchen, tauchte ein, eingetaucht abziehen, zog ab, abgezogen 1., 2., erster, zweiter; groß, größer, am größten - ... minus, weniger = ... ist gleich ml ... Milliliter cm³ ... Kubikzentimeter
	LESEN: Messwerte **ablesen**	55 ml (Milliliter), 20 cm³ (Kubikzentimeter)	zuerst, dann, danach, indem
	SCHREIBEN: Messwerte in eine Tabelle **eintragen**; Vorgang der Volumenmessung **beschreiben**	(Ablaufbeschreibung siehe SPRECHEN: Vorgang der Volumenmessung)	Volumen ermitteln, Gefäß befüllen Messwert ablesen, Wert eintragen, Wert abziehen, Berechnung erklären Ergebnis vortragen *Der ... **hat** ein Volumen **von** ... ml.* *Das Volumen des ... **beträgt** ... ml.*

Abbildung 25: Planungsrahmen für die Unterrichtseinheit zum Thema „Volumenmessung von Körpern". Die relevanten Sprachhandlungen sind umrahmt (vgl. TAJMEL 2009b, 2012)

10. Konkretisierungsraster

10.1 Zweck des Rasters – Analyse und Reflexion

Das Konkretisierungsraster ist eine Methode zur systematischen Analyse der sprachlichen Anforderungen von Sprachhandlungen und der notwendigen sprachlichen Strukturen, die mit Sprachhandlungen verbunden sind. Dadurch können sprachliche Lernziele und ***relevante Sprachstrukturen*** im Detail auf Wort-, Satz- und Textebene konkretisiert werden.

> Das *Konkretisierungsraster* stellt eine Ergänzung zum Planungsrahmen dar. Es erlaubt eine detaillierte Analyse der Sprachhandlungen, der Sprachstrukturen und des erforderlichen Vokabulars. Dadurch werden insbesondere auch relevante allgemeinsprachliche Mittel bewusst.

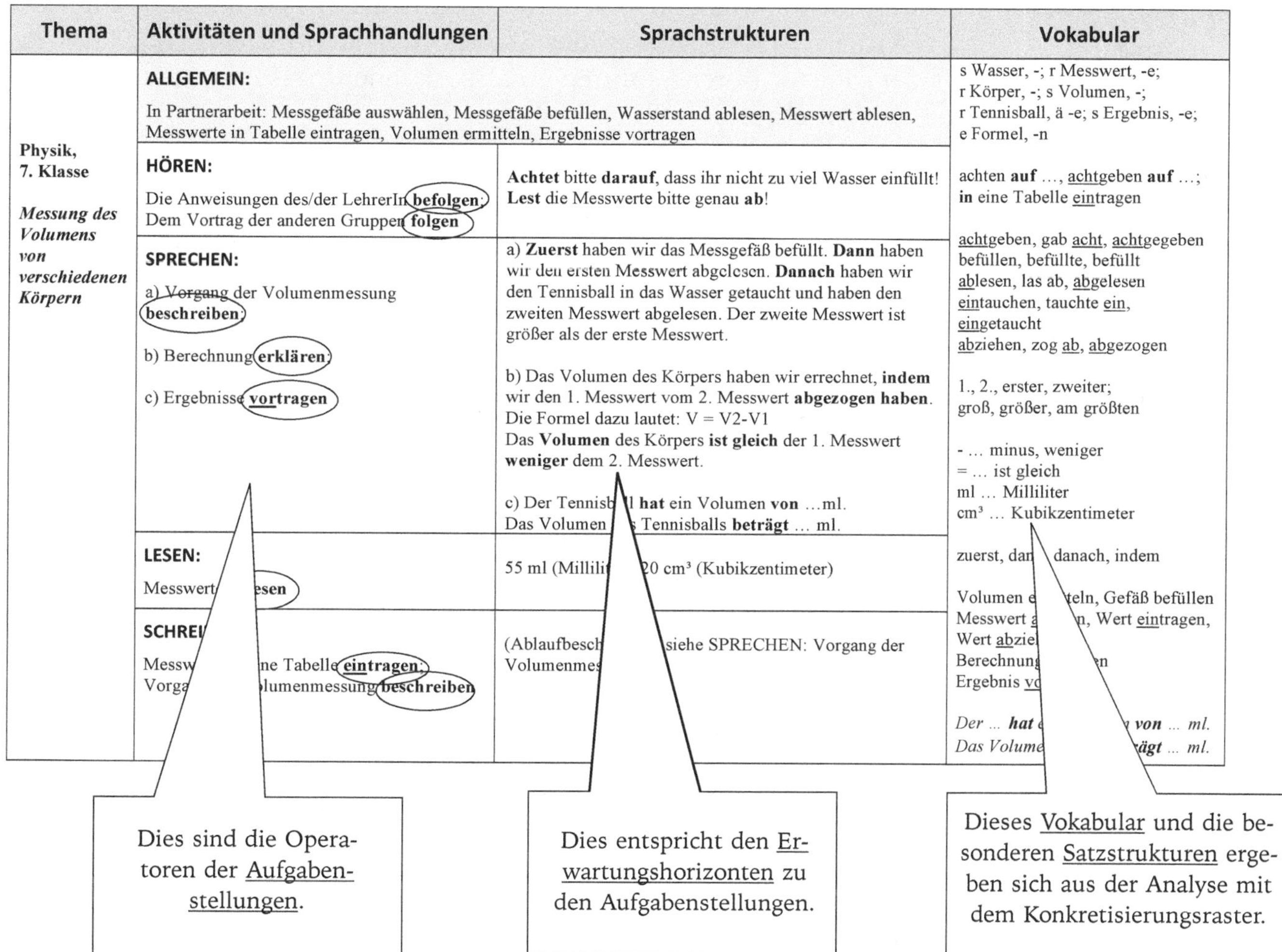

Thema	Aktivitäten und Sprachhandlungen	Sprachstrukturen	Vokabular
Physik, 7. Klasse ***Messung des Volumens von verschiedenen Körpern***	**ALLGEMEIN:** In Partnerarbeit: Messgefäße auswählen, Messgefäße befüllen, Wasserstand ablesen, Messwert ablesen, Messwerte in Tabelle eintragen, Volumen ermitteln, Ergebnisse vortragen		s Wasser, -; r Messwert, -e; r Körper, -; s Volumen, -; r Tennisball, ä -e; s Ergebnis, -e; e Formel, -n
	HÖREN: Die Anweisungen des/der LehrerIn **befolgen**; Dem Vortrag der anderen Gruppen **folgen**	**Achtet** bitte **darauf**, dass ihr nicht zu viel Wasser einfüllt! **Lest** die Messwerte bitte genau **ab**!	achten **auf** ..., achtgeben **auf** ...; **in** eine Tabelle eintragen
	SPRECHEN: a) ~~Vorgang~~ der Volumenmessung **beschreiben**; b) Berechnung **erklären**; c) Ergebnisse **vortragen**	a) **Zuerst** haben wir das Messgefäß befüllt. **Dann** haben wir den ersten Messwert abgelesen. **Danach** haben wir den Tennisball in das Wasser getaucht und haben den zweiten Messwert abgelesen. Der zweite Messwert ist größer als der erste Messwert. b) Das Volumen des Körpers haben wir errechnet, **indem** wir den 1. Messwert vom 2. Messwert **abgezogen haben**. Die Formel dazu lautet: V = V2-V1 Das **Volumen** des Körpers **ist gleich** der 1. Messwert **weniger** dem 2. Messwert. c) Der Tennisb[...]l **hat** ein Volumen **von** ...ml. Das Volumen [...]s Tennisballs **beträgt** ... ml.	achtgeben, gab acht, achtgegeben befüllen, befüllte, befüllt ablesen, las ab, abgelesen eintauchen, tauchte ein, eingetaucht abziehen, zog ab, abgezogen 1., 2., erster, zweiter; groß, größer, am größten - ... minus, weniger = ... ist gleich ml ... Milliliter cm³ ... Kubikzentimeter
	LESEN: Messwert[...]**sen**	55 ml (Millili[...]20 cm³ (Kubikzentimeter)	zuerst, da[...] danach, indem
	SCHREI[...] Messw[...]ne Tabelle **eintragen**; Vorg[...]lumenmessung **beschreiben**	(Ablaufbesch[...]siehe SPRECHEN: Vorgang der Volumenme[...]	Volumen e[...]teln, Gefäß befüllen Messwert a[...]n, Wert eintragen, Wert abzie[...] Berechnun[...]n Ergebnis v[...] *Der ... hat* [...] *von ... ml.* *Das Volume*[...]*ägt ... ml.*

Abbildung 26: Hervorgehobene Bereiche, in denen das Konkretisierungsraster in der Arbeit mit dem Planungsrahmen Verwendung findet.

Mit dem Konkretisierungsraster werden neben den fachsprachlichen Elementen auch die notwendigen bildungs- und allgemeinsprachlichen Elemente auf Satz- und Wortebene identifiziert. Das Konkretisierungsraster kann bei all jenen Aufgabenstellungen eingesetzt werden, die sprachliche Operatoren beinhalten, z.B. *nennen, beschreiben, vergleichen, erklären, begründen, interpretieren* u.a.

Die Notwendigkeit einer systematischen Vorgehensweise ergibt sich daraus, dass die Angaben zu Sprachbildung in den Fachlehrplänen häufig zu vage bzw. zu wenig konkret bzw. gar nicht vorhanden sind. Zudem werden im Fachunterricht häufig nur fachsprachliche Elemente und da insbesondere Nomen thematisiert, nicht aber die bildungs- oder allgemeinsprachlichen Elemente. Die Lehrkräfte sind sich der sprachlichen Anforderungen einer Aufgabenstellung häufig nicht bewusst.

Das Konkretisierungsraster kann bei allen Aufgabenstellungen eingesetzt werden, die eine Sprachhandlung erfordern.

Durch das Konkretisierungsraster werden sich die Lehrkräfte der sprachlichen Anforderungen der Sprachhandlungen bewusst. Ein Vorteil des Konkretisierungsrasters ist, dass es direkt an die Aufgaben und Operatoren des Fachunterrichts anknüpft. Es werden somit die realen und authentischen sprachlichen Anforderungen des Unterrichts identifiziert. Auf Basis der mit dem Raster durchgeführten Analyse können passende sprachbildende Maßnahmen ergriffen werden.

Die praktisch-unterrichtsbezogene Anwendung des Rasters ist in jenen Bereichen des Fachunterrichts zu verorten, in denen unterschiedliche Lern- und Erkenntnisprozesse über Sprache und Sprachhandlungen operationalisiert werden. Mit dem Konkretisierungsraster werden Aufgabenstellungen und Operatoren als Anknüpfungsmöglichkeit genutzt. Sprachliche Anforderungen im Fachunterricht sind in den fachlichen Standards und Zielvorgaben impliziert. In Hinblick auf fachunterrichtsbezogene sprachdidaktische Maßnahmen (Scaffolding, grammatikalisierte Wortschatzarbeit, u.a.) ist eine genauere Benennung der relevanten Lexik und relevanter morphosyntaktischer Strukturen erforderlich. Das Konkretisierungsraster eröffnet die Möglichkeit einer systematisierten Identifizierung jener Lexik und Strukturen in Bezug auf Aufgabenstellungen.

Das Raster bezieht sich insbesondere auf drei Bereiche:

1. ***Sprachhandlungen (Operatoren):*** Für die Arbeit mit dem Konkretisierungsraster sollten sprachliche Operatoren bekannt sein (*nennen, beschreiben, erklären, begründen, erläutern, u.a.*). Die Arbeit mit dem Raster ermöglicht eine intensive Auseinandersetzung mit Operatoren. So wird deutlich, dass gleichlautende Operatoren in unterschiedlichen Fächern mit unterschiedlichen Erwartungen verbunden sind. Gleichermaßen wird deutlich, dass sich Aufgabenstellungen unterschiedlicher Fächer sehr ähnlich sein können und Sprachhandlungen mit einer ähnlichen Struktur erfordern. Daraus können Ansätze für interdisziplinäre und fachübergreifende Sprachbildung entwickelt werden.

2. ***Register und registerspezifische Merkmale (Alltagssprache, Bildungssprache, Fachsprache):*** Ausgehend davon, dass der Fachunterricht situativ unterschiedliche Register erfordert, sind in unterschiedlichen Unterrichtssituationen auch unterschiedliche sprachliche Mittel relevant. Für den Fachunterricht relevant ist dabei die Klärung der Besonderheiten von Alltagssprache, Bildungssprache und Fachsprache. In der Erarbeitung eines Konkretisierungsrasters können diese Besonderheiten vor Augen geführt und differenziert werden.

3. ***Sprachbewusstheit von Lehrenden:*** Mit dem Konkretisierungsraster wird allen voran die kognitiv-linguistische Komponente der Sprachbewusstheit von Lehrenden angesprochen und aktiviert (*Welche Wörter, Sätze, Strukturen sind erforderlich, um bestimmte Sprachhandlungen ausführen zu können?*). Zudem bietet die Arbeit mit dem Raster die Möglichkeit der Reflexion auf der sozialen Ebene (im Sinne von: *Ich bin als Fachlehrkraft zuständig, ich muss sprachliche Lernziele transparent machen.*) sowie auf der sprachlichen Machtebene (im Sinne von: *Was erwarte ich als Lehrkraft eigentlich von den Schülern und Schülerinnen? Welches Selektionspotenzial haben diese Erwartungen?*). Die Erfahrung zeigt außerdem, dass auch die affektive Komponente (*Freude und Interesse an der Sprache des eigenen Fachs*) durch die intensive Auseinandersetzung mit den fachlichen Inhalten steigt.

Reflexion und Optimierung
Eine weitere Funktion des Rasters ergibt sich, wenn bereits bestehende Materialien zur Sprachbildung auf ihre Funktionalität hin untersucht werden. Mithilfe des Konkretisierungsrasters können weitere sprachliche Merkmale identifiziert werden, an die zuvor noch nicht gedacht wurde.

10.2 Vorgehensweise

1. Erarbeiten Sie das Raster **von oben nach unten**. Wählen Sie für ein Thema Ihres Unterrichtsfaches eine **Aufgabenstellung**, die einen sprachlichen Operator (*beschreiben, erklären, begründen, etc.*) beinhaltet!
2. Tragen Sie den **Operator** bzw. die **Sprachhandlung** dieser Aufgabenstellung in die entsprechende Zeile des Konkretisierungsrasters ein.
3. Formulieren Sie den **Erwartungshorizont** für diese Aufgabe aus.
4. Analysieren Sie den von Ihnen formulierten Erwartungshorizont und identifizieren Sie die notwendigen **sprachlichen Mittel** auf Wort-, Satz- und Textebene. Listen Sie so viele wie möglich auf.

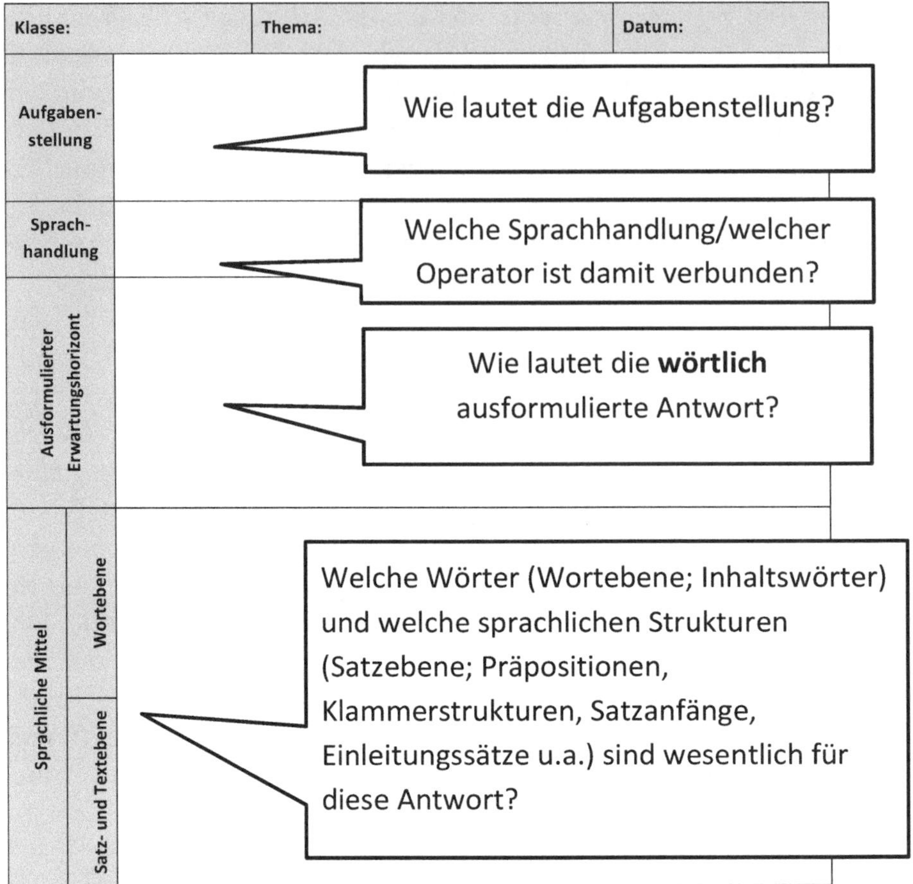

Abbildung 27: Konkretisierungsraster mit Leitfragen

ACHTUNG! Wichtig ist, dass der Erwartungshorizont eine „echte Bearbeitung" der Aufgabenstellung und damit ein authentischer Text ist. Formulierungen wie etwa *„Die Schülerinnen sollen …"* oder stichpunktartige Erwartungen sind nicht ausreichend. Zudem soll darauf geachtet werden, dass neben fachsprachlichen auch allgemeinsprachliche Mittel identifiziert werden sollen. Eventuell kann besprochen werden, welche sprachlichen Mittel eher der Fachsprache, der Allgemeinsprache oder der Bildungssprache zuzuordnen sind.

Durchführungsbeispiel

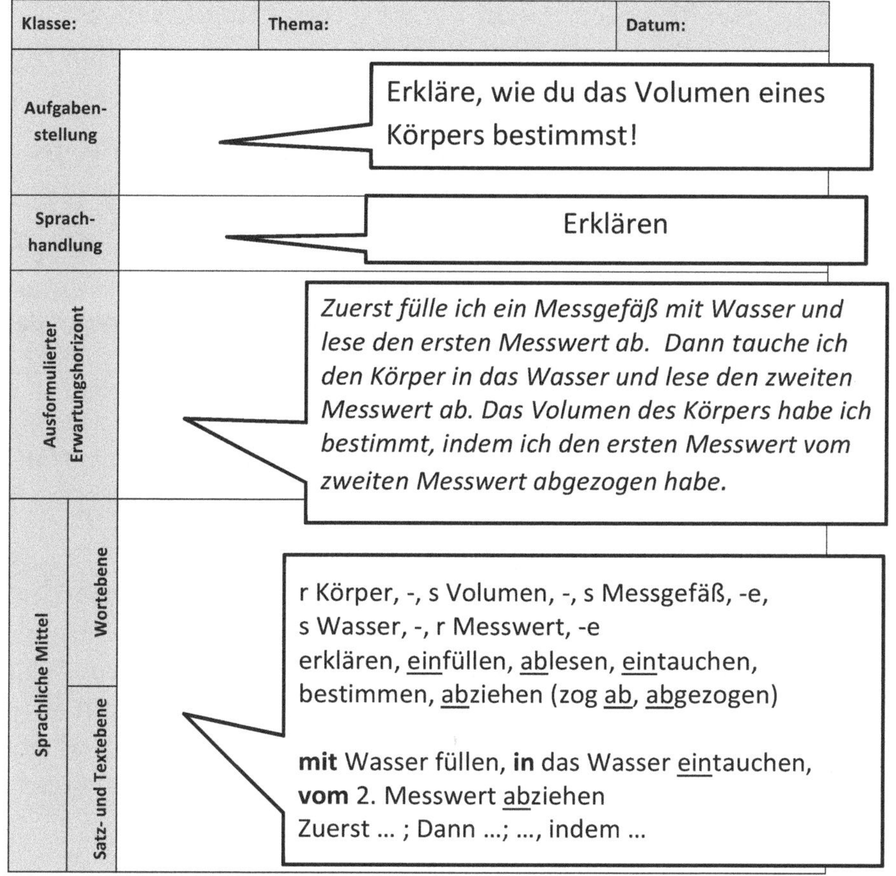

Wortebene: z.B. Nomen, Verben, Adjektive
Satzebene: z.B. Präpositionalphrasen, Satzstrukturen, Verbklammern
Textebene: z.B. Textaufbau, Einleitung

Abbildung 28: Durchführungsbeispiel zur Arbeit mit dem Konkretisierungsraster (Thema: Bestimmung des Volumens von Körpern)

10.3 Tipps zur weiterführenden Arbeit mit dem Raster

Das Konkretisierungsraster in der Lehrkräftefortbildung.

In der Arbeit mit dem Konkretisierungsraster zeigten sich in Fortbildungen und Seminaren folgende Aspekte und Fragen, auf die wir hier kurz eingehen:

- **Variante/Veranstaltungsformat**

Die Aufgabenstellung kann auch in der Gruppe (max. 4 Personen) bearbeitet werden, wobei sich zuerst auf ein Unterrichtsfach und ein fachliches Thema geeinigt werden soll.

- **Material für die Vorbereitung**

Aufgabenstellungen aus dem Fachunterricht: Für die Suche nach geeigneten Aufgabenstellungen können Schulbücher aus den unterschiedlichen Fächern, Arbeitsblätter, Klassenarbeiten, Beispielaufgaben aus den Bildungsstandards und andere Quellen für fachliche Aufgabenstellungen Anregungen liefern.

- **Material für die Durchführung**

Das Konkretisierungsraster sollte allen in Papierform vorliegen. Die Studierenden und Lehrkräfte sollen darauf hingewiesen werden, dass Sie u.a. in Schulbüchern, Lehrplänen und Bildungsstandards Anregungen für Aufgabenstellungen finden können.

- ***Muss für jede Aufgabenstellung ein Konkretisierungsraster erarbeitet werden?***

Für den Beginn ist es angeraten, für viele verschiedene Aufgabenstellungen Konkretisierungsraster zu erarbeiten. Wie bei allen neu gelernten Methoden ist der Zeitaufwand zur Erarbeitung eines Rasters am Beginn größer, wird jedoch mit steigender Routine immer geringer.

- ***Kann das Konkretisierungsraster auch im Zusammenhang mit dem Lesen von Texten eingesetzt werden, wo keine Sprachproduktion erforderlich ist?***

Ja, das ist möglich. Insbesondere bei der Arbeit mit mathematischen Textaufgaben ist das Raster zu empfehlen. Dabei ist der Erwartungshorizont jedoch nicht die Antwort bzw. die Lösung der Textaufgabe, sondern die Aufgabenstellung selbst (siehe dazu Kap. 12.4). Es werden mehrere Textaufgaben zu einem mathematischen Themenbereich analysiert und die Gemeinsamkeiten der Textaufgaben identifiziert. Diese Gemeinsamkeiten sind die relevanten sprachlichen Mittel für das entsprechende mathematische Thema.

11. Schlüsselwörter

Als Schlüsselwörter werden hier Wörter bezeichnet, die unbedingt notwendig sind, um über einen bestimmten Sachverhalt oder ein bestimmtes Thema in bildungssprachlicher und fachlich präziser Weise sprechen zu können. Dazu zählen nicht nur Fachwörter und Nomen, sondern vor allem auch Verben und Adjektive. Für das Thema Magnetismus sind beispielsweise nicht nur *Magnet* und *Magnetismus* Schlüsselwörter, sondern auch *anziehen* und *abstoßen*, denn es ist nicht möglich, über Magnetismus und gängige Schulexperimente zu Magnetismus in fachlich präziser Weise zu sprechen, ohne die Verben *anziehen* oder *abstoßen* zu verwenden. Das folgende Beispiel zeigt einige Aspekte des Schlüsselworts *anziehen*, die mit der Schlüsselworttabelle erarbeitet wurden.

Schlüsselwort	***anziehen (zieht an, angezogen)***
Assoziationen	Kleidung, Sympathie, Schraube, Handbremse
In anderen Sprachen	to attract, to pull (eng.)
Bedeutung/Verwendung im **alltäglichen** Kontext	sich kleiden, eine Schraube fester drehen, sich sympathisch finden
Bedeutung/Verwendung im **fachlichen** Kontext	Zwei Körper/Massen/Ladungen/magnetische Pole bewegen sich aufeinander zu bzw. würden dies tun, wenn sie könnten.
Gegenteilige Begriffe (Antonyme)	*Physik*: abstoßen; *Alltag*: ausziehen
Redewendungen, Sprichwörter	sich warm anziehen müssen; den Nerv ziehen; Gegensätze ziehen sich an
Wortbildungen (Komposita, Affixe)	Beziehen, verziehen, abziehen, aufziehen; Anziehungskraft, Anzug, Anziehung, Umzug, Verzug, Beziehung

Abbildung 29: Durchführungsbeispiel zu ausgewählten Aspekten einer Schlüsselworttabelle zum Schlüsselwort *anziehen*.

Die Arbeit mit der Schlüsselworttabelle kann sowohl zur Erschließung der Schlüsselwörter in der Unterrichtsplanung als auch zu deren Vermittlung im Unterricht herangezogen werden. Die Schlüsselworttabelle ist an „Rich Scripting“ (McWilliam 2000) angelehnt und wurde für den deutschsprachigen Unterricht adaptiert. So wurden z.B. neue Aspekte der Wortbetrachtung hinzugefügt und bestehende Aspekte konkretisiert.

11.1 Zweck der Schlüsselworttabelle

Die Arbeit mit der Schlüsselworttabelle ist – wie das Konkretisierungsraster auch – in der Planungsphase des Unterrichts zu verorten, im Zuge derer eine Auseinandersetzung mit der Wortbedeutung unter verschiedenen Aspekten stattfindet. In der Erschließung der Wortbedeutung wird dabei über den durch den Unterricht gegebenen thematischen Zusammenhang hinausgegangen, die verschiedenen Bedeutungen des Schlüsselwortes werden in unterschiedlichen Zusammenhängen zueinander in Kontrast gesetzt. Diese Kontrastierung führt zu einer höheren Präzisierung des Begriffs im eigentlichen Unterrichtsthema, als durch eine rein auf den thematischen Kontext des Unterrichts bezogene Wortschatzarbeit zu erreichen wäre. Der Begriff wird als *Fachbegriff* in einem bestimmten fachlichen Kontext erfasst, und dies wird wiederum als eine von mehreren möglichen Facetten des Begriffs erfahren.

Die Schlüsselworttabelle bietet die Gelegenheit, einen Begriff unter verschiedenen Aspekten zu betrachten und zu entscheiden, welche Begriffe unbedingt im Unterricht thematisiert und eingeführt werden müssen. Diese Begriffe sollen dann auch mit ihrer grammatischen Information (siehe Kap. 6.2) eingeführt werden.

11.2 Vorgehensweise und Tipps

Überlegen Sie für ein bestimmtes Fachthema einige Schlüsselwörter. Denken Sie dabei nicht nur an Fachnomen, sondern auch an Verben oder Adjektive.

Die Schlüsselworttabelle in der Lehrkräftefortbildung.

Schnell merkt man, dass ein Begriff umso ergiebiger ist, je häufiger er in anderen als rein fachlichen Zusammenhängen auftritt. Reine Fachbegriffe, wie z.B. *Elektron, Hyperbel, Trigonometrie, Oxidation* sind vergleichsweise unergiebig: Ihre Bedeutung beschränkt sich nur auf den Fachbereich.

- ***Was muss alles in die Schlüsselworttabelle aufgenommen werden?***

Notieren Sie in der Schlüsselworttabelle alles, was Ihnen einfällt. Auch wenn dafür keine eigene Zeile zur Verfügung steht: Halten Sie Ihre Gedanken und Einfälle fest!

- ***Welche Voraussetzungen verlangt die Arbeit mit der Schlüsselworttabelle?***

Die Einbeziehung der Schlüsselworttabelle erfordert keine speziellen Voraussetzungen, weder seitens der Lehrkräfte noch seitens der Schülerinnen und Schüler, sondern unterstützt die Auseinandersetzung mit den Schlüsselkonzepten des Unterrichtsfaches.

- ***Soll die Schlüsselworttabelle gemeinsam mit den Schülerinnen und Schülern erarbeitet werden?***

Warum nicht? Trotzdem ist es sinnvoll, sie zuerst in der Planungsphase des Unterrichts auszufüllen. Dann sehen Sie, worauf Sie die Schwerpunkte legen könnten.

- ***Müssen immer alle Felder ausgefüllt werden?***

Es ist eher selten der Fall, dass für ein Wort alle Felder ausgefüllt werden können. Es macht nichts, wenn Felder frei bleiben. Vielleicht fällt ja einem Kollegen oder einer Kommilitonin etwas ein, an das Sie nicht gedacht haben. Deshalb eignet sich die Schlüsselworttabelle besonders gut für die Arbeit im Team. Wichtig ist, dass Sie alles festhalten, was Ihnen einfällt.

- ***Wie genau müssen die Wörter mit den grammatischen Informationen angeführt werden?***

Natürlich wäre es sinnvoll, alle Nomen und Verben mit der grammatischen Information (siehe Kap. 6.2) anzuführen. Dies soll Sie aber nicht aufhalten, Ihren Gedanken zunächst mal freien Lauf zu lassen. Die Schlüsselworttabelle ist dazu da, sich als Lehrkraft die vielfältigen Aspekte eines Wortes vor Augen zu führen. Spätestens wenn Sie bestimmte Wörter im Unterricht behandeln, sollten diese allerdings mit der grammatischen Information eingeführt werden.

Schlüsselwort	
Assoziationen	Woran denkt man bei diesem Wort? Woher ist das Wort bekannt? In welchem Zusammenhang kommt das Wort im Alltag häufig vor? (siehe Kap 6.7 *Volumen: Frisur, Haare, Musik*)
Andere Sprachen	Wie lautet das Wort in anderen Sprachen? Hier bietet sich an, dass die Sprachen, welche in der Klasse gesprochen werden, genutzt werden.[11]
Bedeutung/Verwendung im alltäglichen Kontext	Was bedeutet das Wort im Alltag? Versuchen Sie hier, das Wort in der alltäglichen Bedeutung zu erklären, ohne es zu nennen.
Bedeutung/Verwendung im fachlichen Kontext	Was bedeutet das Wort im Fach? Erklären Sie hier die fachliche Bedeutung des Wortes, ohne es zu nennen. Vielleicht gibt es dazu auch eine fachliche Definition (*Volumen = der Raum, den ein Körper einnimmt*)
Kollokationen und Kombinationen	Mit welchen anderen Wörtern wird dieses Wort typischerweise verwendet (fachlich, im Unterricht oder allgemein)? Gibt es typische Nomen-Verb-Verbindungen oder Komposita? (*Volumenmessung*)
Präpositionalphrasen	Mit welchen Präpositionen wird dieses Wort verwendet?
Synonyme; Paraphrasierungen	Wörter, die das Gleiche bedeuten: Durch welche anderen Wörter könnte das Wort ersetzt werden? (*Volumen – Rauminhalt, Ausdehnung*)
Antonyme	Wörter, die das Gegenteil bedeuten: Was ist das Gegenteil von dem Wort? Gibt es ein Gegenteil?
Homonyme	Wörter mit gleicher Schreibweise, die etwas anderes bedeuten:[12] Was kann das Wort noch bedeuten? (*anziehen [magnetisch] – anziehen [Kleidung]*)
Oberbegriff	Gibt es einen Oberbegriff zu diesem Wort? Hier ist vor allem ein Oberbegriff im semantischen Sinn gemeint. (*Thermomenter – Messgerät*)
Redewendungen, Sprichwörter	Gibt es Redewendungen, Sprichwörter oder Witze mit diesem Wort? (*„sich warm anziehen müssen“*)
Wortbildungen (Komposita, Affixe)	Welche Wörter gibt es mit demselben Wortstamm noch? Was bedeuten sie? (*Volumenmessung*)
Wörter, die ähnlich aussehen oder klingen	Mit welchem Wort könnte dieses Wort verwechselt werden?
Etymologie	Woher kommt das Wort?
Weitere Notizen	

Abbildung 30: Schlüsselworttabelle mit Erklärungen der einzelnen Aspekte

11 Selbstverständlich können bei den anderen Zeilen dieser Tabelle immer auch andere Sprachen mitgedacht werden.

12 „Schizo-Wörter“ (vgl. Sloan 2016)

11.3 Schlüsselwortplakate

Eine andere Darstellungsform für die Schlüsselwortarbeit ist die Erstellung eines Schlüsselwortplakats, wie hier an den Beispielen für das Schlüsselwort *„auflösen"* (Thema: Wetter; Sachunterricht) und das Schlüsselwort *„Kern"* (Thema: Atombau; Physik) gezeigt wird.

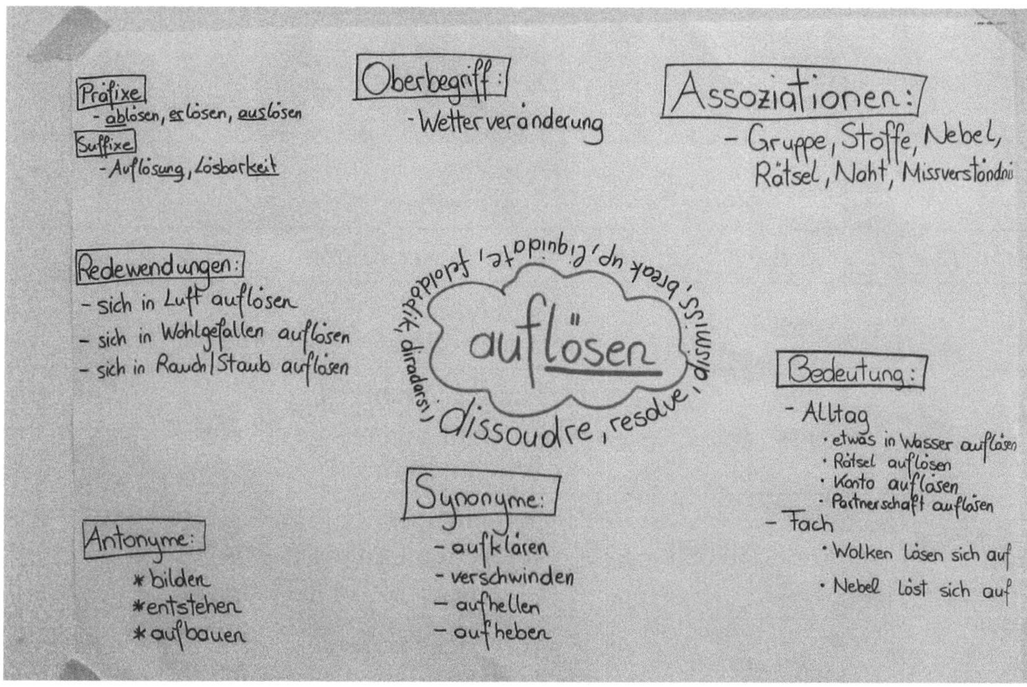

Abbildung 31: Schlüsselwortplakat zum Schlüsselwort *auflösen* (Thema: Wetter)

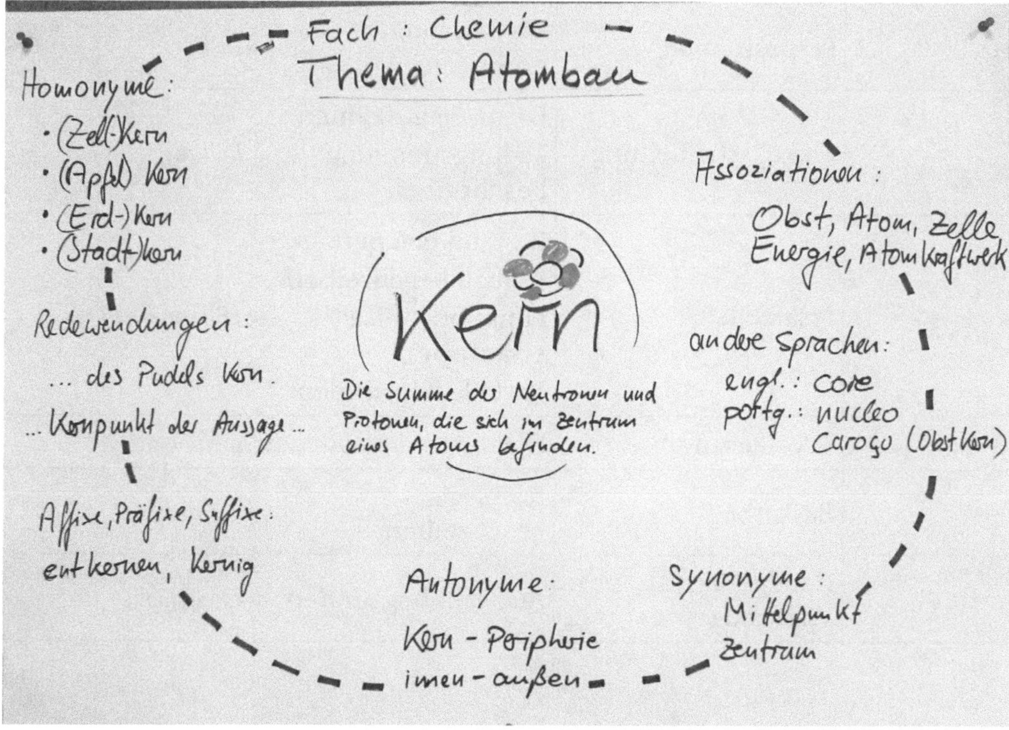

Abbildung 32: Schlüsselwortplakat zum Schlüsselwort *Kern* (Thema: Atom)

12. Beispiele aus der Praxis

Im Folgenden werden zu dreizehn verschiedenen Themen aus den Unterrichtsfächern Sachunterricht, Werken, Musik, Mathematik, Geschichte, Deutsch, Physik, Geografie, Sport und Werkzeuglehre Beispiele von erarbeiteten Konkretisierungsrastern und Schlüsselworttabellen dargestellt:

	Fach, Klasse	Thema	Aufgabenstellung, Operator	Schlüsselwort
1	Sachunterricht, 1/2	Bäume	Aussehen **beschreiben**	*Krone*
2	Sachunterricht, 3/4	Arktis	Klima **beschreiben**	*sinken*
3	Werken, 3/4	Papierbrücke	Handlung **beschreiben**	*Belastung*
4	Musik, 6/7	Akkorde	Akkordbildung **erläutern** Töne **nennen**	*(Ton-)Leiter*
5	Mathematik, 7/8	Rationale Zahlen	Textaufgaben **verstehen** und lösen Lösungsweg **erklären**	*liegen*
6	Mathematik, 7/8	Kreisumfang	Vorgehensweise **beschreiben**	*bestimmen*
7	Geschichte	Industrialisierung	**Bild beschreiben**	*Arbeit*
7	Deutsch, 7/8	Rechtschreibung	Zeichensetzung **erklären**	*Satz*
8	Deutsch, 9/10	Präpositionen	Verwendung **erläutern**	*Fall*
9	Physik, 7/8	Elektrische Leitung	Beispiele **aufzählen** Ladungstrennung **beschreiben**	*Ladung*
10	Physik, 9/10	Solarzelle	Bestandteile **nennen** Aufbau **beschreiben** Funktionsweise **erläutern** Vorteile **begründen**	*(Energie-) Form*
11	Geografie, 10	Bevölkerung	Diagramm **auswerten**	*ansteigen*
12	Sport, 10	Basketball	Korbleger **beschreiben**	*Ablauf*
13	Werkzeuglehre, 10	Handgeführte Werkzeuge	Auswahl **begründen**	*Oberfläche*

12.1 SACHUNTERRICHT

12.1.1 Konkretisierungsraster zu BÄUME/Beschreiben

<table>
<tr><td colspan="2">Klasse: 1</td><td>Thema: Bäume</td><td>Datum:</td></tr>
<tr><td colspan="2">Aufgabenstellung</td><td colspan="2">Aufgabenstellung: Beschreibe die Bäume ganz genau.</td></tr>
<tr><td colspan="2">Sprachhandlung</td><td colspan="2">Beschreiben</td></tr>
<tr><td colspan="2">Ausformulierter Erwartungshorizont</td><td colspan="2">Der Baum A hat eine runde Krone. Er hat Blätter. Seine Blätter sind rund mit einer Spitze und hellgrün.
Der Baum B hat eine sehr spitze Krone. Er hat Nadeln. Seine Nadeln sind dunkelgrün und sind vorne rund. Sie stechen nicht.
Der Baum C hat eine ovale Krone. Er hat Blätter. Seine Blätter sind am Rand wellig und dunkelgrün.
Der Baum C hat eine sehr runde Krone. Er hat Blätter. Seine Blätter sind am Rand zackig und hellgrün.</td></tr>
<tr><td rowspan="2">Sprachliche Mittel</td><td>Wortebene</td><td colspan="2">r Baum, -¨e, e Krone, -n, s Blatt, -¨er, e Spitze, -n, e Nadel, -n, r Rand, -¨er, e Form, -en, e Farbe, -n
rund, spitz, zackig, wellig, oval, hellgrün, dunkelgrün
haben (hatte, gehabt), stechen (stach, gestochen), nennen (nannte, genannt)
oben, vorne
am Rand</td></tr>
<tr><td>Satz- und Textebene</td><td colspan="2">Pro-Formen: Seine … , Sie (Die Blätter) … , Er (Der Baum) …
Vergleich, Verstärkung: spitzer, runder, zackiger, sehr rund, ganz spitz
Fragen: Wie nennt man …?</td></tr>
</table>

12.1.2 Schlüsselwort zu BÄUME

Schlüsselwort	*e Krone, -n*
Assoziationen	König/in, Kopfschmuck; Krone der Schöpfung; Zahnkrone
Anderen Sprachen	crown, treetop (engl.)
Bedeutung/Verwendung im alltäglichen Kontext	Symbol für Herrschaft; etwas, das ganz oben ist
Bedeutung/Verwendung im fachlichen Kontext	der belaubte Teil des Baumes (zwischen dem ersten grünen Ast und dem Baumwipfel)
Kollokationen und Kombinationen	die Form der Krone bestimmen; eine Krone ausbilden
Präpositionalphrasen	
Synonyme; Paraphrasierungen	der oberste Teil; der belaubte Teil des Baumes
Antonyme	(Baumwurzel, Baumstamm)
Homonyme	Krone (Baum), Krone (Zahn), Krone (Kopf), Krone (Geld)
Oberbegriff	
Redewendungen, Sprichwörter	Da fällt mir kein Zacken aus der Krone. Hinfallen, aufstehen, Krone richten, weitergehen.
Wortbildungen (Komposita, Affixe)	Krönung, krönen
Wörter, die ähnlich aussehen oder klingen	Können, Korn, Körner, Drone, Makrone, Makarone
Etymologie	krone (mhd.), corona (lat.)

12.2 SACHUNTERRICHT

12.2.1 Konkretisierungsraster zu ARKTIS/Beschreiben

Klasse: 4	**Thema: Lebensraum Arktis**	**Datum:**
Aufgabenstellung	Beschreibe die Jahreszeiten in der Arktis.	
Sprachhandlung	beschreiben	
Ausformulierter Erwartungshorizont	*Im Winter sinkt die Temperatur für neun Monate unter den Gefrierpunkt. Manchmal wird es sogar mehr als Minus 50 Grad Celsius kalt. Für etwa drei Monate ist die Sonne im Winter ganz verschwunden. Das ist die Polarnacht. Der Sommer beginnt in der Arkis erst im Juli und dauert nur drei Monate. Im Sommer scheint die Sonne immer, auch nachts. Diese Erscheinung nennt man Mitternachtssonne.*	
Sprachliche Mittel – Wortebene	e Temperatur, -en, sinken (sank, gesunken), r Gefrierpunkt, -e, e Polarnacht, -¨e, verschwinden (verschwand, verschwunden), etwa, beginnen (begann, begonnen), schmelzen (schmolz, geschmolzen), e Erscheinung, -en, r Sommer, -, e Sonne, -n, e Mitternachtssonne, -n, nennen (nannte, genannt), s Grad Celsius	
Sprachliche Mittel – Satz- und Textebene	**Im** Winter, **im** Sommer, im Juli **in der** Arktis **für** neun Monate **unter den** Gefrierpunkt, **unter dem** Gefrierpunkt	

Es ist sinnvoll, besondere sprachliche Mittel (Präpositionen, Schlüsselbegriffe, Kollokationen u.a.) hervorzuheben.

12.2.2 Schlüsselwort zu ARKTIS

Schlüsselwort	***sinken, sank, gesunken***
Assoziationen	im Wasser untergehen; Fieber sinkt; Löhne sinken; im Ansehen sinken (bildungssprachl.); die Sonne versinkt im Meer
Anderen Sprachen	to sink (engl.); to lower, to drop
Bedeutung/Verwendung im alltäglichen Kontext	Wenn ein Gegenstand im Wasser oder in einer Flüssigkeit sich nach unten bewegt.
Bedeutung/Verwendung im fachlichen Kontext	Sinken im Wasser (ein Gegenstand geht unter) Sinken von Messwerten (die Messwerte werden geringer; man sagt auch: die Werte fallen);
Kollokationen und Kombinationen	Werte sinken; Werte senken (aktives Tun)
Präpositionalphrasen	sinken **um** einen bestimmten Betrag
Synonyme; Paraphrasierungen	fallen, geringer werden, abnehmen, sich vertiefen
Antonyme	steigen, ansteigen (Werte) schwimmen, aufsteigen, auftauchen (Auftrieb, Wasser)
Homonyme	
Oberbegriff	fallen; verschwinden; herunterkommen
Redewendungen, Sprichwörter	im Boden versinken
Wortbildungen (Komposita, Affixe)	sink – absinken, versinken; senken, Senkung, versenken
Wörter, die ähnlich aussehen oder klingen	singen, versingen, sickern
Etymologie	sinkan (ahd.)

12.3 WERKEN

12.3.1 Konkretisierungsraster zu PAPIERBRÜCKE/Beschreiben

<table>
<tr><th colspan="2">Klasse: 4</th><th>Thema: Papierbrücke</th><th>Datum:</th></tr>
<tr><td colspan="2">Aufgabenstellung</td><td colspan="2">Baue aus einem Bogen Papier eine tragfähige Brücke.
Erkläre deine Vorgehensweise.</td></tr>
<tr><td colspan="2">Sprach-handlung</td><td colspan="2">Beschreibe</td></tr>
<tr><td colspan="2">Ausformulierter Erwartungshorizont</td><td colspan="2">Um eine Brücke zu bauen, brauche (benötige) ich ein Blatt Papier. Ein glatter Bogen Papier verbiegt sich sofort und ist daher als Brücke ungeeignet. Das Papier muss abwechselnd nach unten und nach oben gefaltet werden, wie eine Ziehharmonika oder ein Fächer. Die Falten sind notwendig, damit sich das Papier nicht verbiegt. Durch das Falten wird die Brücke belastbarer und tragfähiger.</td></tr>
<tr><td rowspan="2">Sprachliche Mittel</td><td>Wortebene</td><td colspan="2">e Vorgehensweise, -n, r Bogen, -¨, s Blatt, -¨er, s Papier, e Brücke, -n, e Falte, -n, e Zieharmonika, -s, r Fächer, -, e Brücke, -n, e Last, -en, e Belastung, -en
bauen, erklären, brauchen, benötigen, verbiegen (verbog, verbogen), eignen, abwechseln, falten, belasten
tragfähig, gefaltet, ermöglicht, abwechselnd</td></tr>
<tr><td>Satz- und Textebene</td><td colspan="2">geeignet sein als ...
durch das Falten; nach oben falten
Reflexives Verb (sich verbiegen)
Passiv (das Papier muss gefaltet werden)
Genitiv (des Papiers)
Um ... zu ...</td></tr>
</table>

12.3.2 Schlüsselwort zu PAPIERBRÜCKE

Schlüsselwort	*e Belastung, -en*
Assoziationen	Belastung eines LKW (Ladung); Belastung des Kontos; zu viel Arbeit, zu viel Hausaufgaben, Stress; Umweltbelastung; belastbare Daten, eine belastende Aussage, jemanden belasten (beschuldigen)
Anderen Sprachen	load; stress; burden (engl.)
Bedeutung/Verwendung im alltäglichen Kontext	Ladung; etwas Drückendes; etwas ist in einem bestimmten Zusammenhang zu viel; Belastung eher als etwas Negatives
Bedeutung/Verwendung im fachlichen Kontext	Last: die Summe der Kräfte, die auf ein bestimmtes Bauteil wirken; ein belastbares Bauteil: ein Bauteil, das große Kräfte aushält
Kollokationen und Kombinationen	gleichförmig verteilte Last; Drucklast, Zuglast; Belastung erhöhen oder verringern
Präpositionalphrasen	die Belastung **um** einen Betrag erhöhen oder verringern
Synonyme; Paraphrasierungen	viel tragen können, viel aushalten
Antonyme	nicht belastbar (alltäg.) geringe Belastbarkeit (fachl.)
Homonyme	
Oberbegriff	Gewicht (physik.)
Redewendungen, Sprichwörter	
Wortbildungen (Komposita, Affixe)	-last-; belasten, belastbar (nicht: belasthaft!), -lastig, Belastung; entlasten, Entlastung; Belästigung, lästig
Wörter, die ähnlich aussehen oder klingen	belassen, lassen, lässig, entlassen, Entlassung, lasterhaft
Etymologie	last (ahd.) – Menge, Fülle

12.4 MUSIK Akkorde

12.4.1 Konkretisierungsraster zu AKKORDEN/Erläutern, Nennen

Klasse: 6/7		Thema: Akkorde	Datum:
Aufgabenstellung		Erläutere, wie du aus den Tönen einer Tonleiter Akkorde bilden kannst! Nenne die Hauptstufenakkorde der D-Dur-Tonleiter und die Töne, aus denen die Hauptstufenakkorde dieser Tonleiter gebildet werden!	
Sprachhandlung		Erläutern; Nennen	
Ausformulierter Erwartungshorizont		*Man kann aus den Tönen einer Tonleiter Akkorde bilden, indem man Terzen aufeinanderschichtet. Der dritte Ton steht zum ersten Ton im Intervall einer Terz, der fünfte Ton zum dritten Ton ebenfalls. Das heißt, man nimmt z.B. den ersten, dritten und fünften Ton einer Tonleiter und lässt diese gleichzeitig erklingen. Damit hat man den ersten Akkord einer Tonleiter gebildet.* *Die Hauptstufenakkorde der D-Dur-Tonleiter sind D, G und A.* *Den D-Akkord bildet man aus D, Fis, A.* *Den G-Akkord bildet man aus G, H, D.* *Den A-Akkord bildet man aus A, Cis, E.*	
Sprachliche Mittel	Wortebene	r Ton, -¨e, e Tonleiter, -n, r Akkord, -e, e Terz, -en, r Hauptstufenakkord, -e, e D-Dur können, bilden, aufeinanderschichten, stehen (stand, gestanden), heißen (hieß, geheißen), nehmen (nahm, genommen, lassen (ließ, gelassen), erklingen (erklang, erklungen) ersten, dritten, fünften, gleichzeitig D, Fis (F#), A, G, H, Cis (C#), E	
	Satz- und Textebene	indem, damit; der Ton einer Tonleiter; der 3. Ton steht **zum** 1. Ton **im** Intervall; **im** Intervall stehen **zu** ..., gleichzeitig erklingen lassen ... bildet man **aus** ...; ... wird gebildet **aus** ...	

(Ausarbeitung: Milan Nemling)

12.4.2 Schlüsselwort zu AKKORDE

Schlüsselwort	*e Tonleiter, -n*
Assoziationen	Leiter zum Klettern, Feuerleiter, Strickleiter; Schulleiter/in, Töne, die eine Leiter hochklettern, Karriereleiter
Anderen Sprachen	ladder (en.), scala (it.), ljestvica (bks, Bsp.: istarska ljestvica = istrische Tonleiter)
Bedeutung/Verwendung im alltäglichen Kontext	Ein Gerät, das verwendet wird, um hochzuklettern oder hochzusteigen
Bedeutung/Verwendung im fachlichen Kontext	*Musik*: eine Anordnung von Tönen nach einer bestimmten Systematik *Physik* (Stromleiter): ein Material, in welchem durch das Anlegen einer Spannung elektrischer Strom entsteht
Kollokationen und Kombinationen	die Tonleiter spielen, die Tonleiter üben, die Tonleiter notieren
Präpositionalphrasen	*Musik:* **in** einer Tonleiter stehen Töne **zu**einander; man bildet Akkorde mit Tönen **aus** einer Tonleiter; *alltäglich*: **auf** einer Leiter stehen, **auf** eine Leiter klettern, mit der Leiter an etwas drankommen
Synonyme; Paraphrasierungen	Skala, Tonraum (im weiteren Sinne), Anordnung von neu Tönen
Antonyme	
Homonyme	der Leiter, die Leiterin (Schule, Person, Gruppe), die Leiter (Gerät), der Leiter (Physik)
Oberbegriff	
Redewendungen, Sprichwörter	
Wortbildungen (Komposita, Affixe)	Tonleiter, Leitmotiv, Schulleiter, Lichtleiter, Wärmeleiter, Stromleiter, Chorleiterin, Leiterin, Leiterschleife, Leiterwagen, Leitbild, Leitkultur, Umleitung; Leitung, Geleit; leitend, geleiten, ableiten, umleiten, verleiten, ausleiten, zuleiten
Wörter, die ähnlich aussehen oder klingen	leicht, leuchten, leiden, leider, Leder, leiten, weiter, Liter, heiter, Leitung
Etymologie	hleitra (ahd.)

(Ausarbeitung: Milan Nemling)

12.5 MATHEMATIK Rationale Zahlen – Textaufgaben

12.5.1 Konkretisierungsraster zu RATIONALE ZAHLEN/Lesen

<table>
<tr><th>Klasse: 7</th><th colspan="2">Thema: Rationale Zahlen</th><th>Datum:</th></tr>
<tr><td colspan="2">Aufgabenstellung</td><td colspan="2">Unterschiedliche Textaufgaben zum Thema Rationale Zahlen lesen:
1.) Bauplatz, 2.) Konto, 3.) See, 4.) Skilift</td></tr>
<tr><td colspan="2">Sprachhandlung</td><td colspan="2">Diverse Aufgabenstellungen zu rationalen Zahlen lesen und verstehen.</td></tr>
<tr><td colspan="2">Ausformulierter Erwartungshorizont</td><td colspan="2">1.) Der Bauplatz des Rathauses liegt 1,20m unter der Erdoberfläche. Die Bauhöhe beträgt 19,60m. Berechne die Höhe des Gebäudes nach Fertigstellung. (Antwort: Die Höhe beträgt ...m).
2.) Frau Müller besitzt auf ihrem Konto ein Guthaben in der Höhe von 857 €. Sie bucht 953 € ab. Der Kontostand soll berechnet werden. (Antwort: Der Kontostand beträgt ... Sie überzieht das Konto. Sie verfügt über ... €.)
3.) Der See Genezareth liegt in Israel. Er ist der tiefstgelegene Süßwassersee. Sein Meeresspiegel liegt 212 m unter Meeresspiegel. Seine maximale Tiefe liegt bei 46 m. Auf welcher Meereshöhe liegt der Seespiegel? (Antwort: Der Seespiegel liegt auf ... m unter Meeresspiegel.)
4.) Die Bergstation eines Skilifts befindet sich in 1438 m Höhe. Der Lift legt von der Talstation bis zur Bergstation eine Höhe von 530 m zurück. Auf welcher Höhe liegt die Talstation? (Antwort: Die Talstation liegt auf ... m Höhe.)</td></tr>
<tr><td rowspan="2">Sprachliche Mittel</td><td>Wortebene</td><td colspan="2">Gemeinsame Wörter dieser Textaufgaben identifizieren:
e Höhe-n (s Gebäude, -, e Meereshöhe, s Guthaben, -, e Bergstation, -en)
liegen (lag, gelegen), betragen (betrug, betragen), besitzen (besaß, besessen), abbuchen, abheben (abhob, abgehoben), überziehen, (überzog, überzogen), verfügen (über), sich befinden (befand, befunden); tief
unter, ab, über, auf</td></tr>
<tr><td>Satz- und Textebene</td><td colspan="2">liegen (geografisch) – liegen (auf einer Höhe)
... liegt in ...
... liegt bei ...
... liegt auf ...</td></tr>
</table>

Diese sprachlichen Mittel liegen den meisten Textaufgaben zum Thema Rationale Zahlen zugrunde. Sie sind daher viel relevanter als *Süßwassersee* oder *Skilift*!

(Dankenswerte Anregung von Doris Dörsam und Hannelore Portner)

12.5.2 Konkretisierungsraster zu RATIONALE ZAHLEN/Erklären

Klasse: 7		Thema: Rationale Zahlen	Datum:
Aufgabenstellung		Zu Aufgabe 4.) Skilift: **Erkläre**, wie du die Höhe der Talstation berechnest	
Sprachhandlung		**Erklären**	
Ausformulierter Erwartungshorizont		*Die Bergstation liegt über der Talstation. Ich muss also von der Höhe der Bergstation jene Höhe abziehen, die der Lift zurücklegt. Das Ergebnis ist die Höhe der Talstation. Das Ergebnis beträgt (lautet) daher 908 m.*	
Sprachliche Mittel	Wortebene	e Höhe, e Bergstation, **-en, r Lift, -e, s Ergebnis, -se, e Talstation, -en** liegen (lag, gelegen), abziehen (-zog, -gezogen), subtrahieren, zurücklegen (-lag, -gelegen), betragen (betrug, betragen), lauten also, jene; daher somit	
	Satz- und Textebene	**über** der Talstation liegen **von** der Höhe abziehen (subtrahieren) Ich muss … abziehen, weil … Man muss … abziehen, … Es wird … abgezogen, …	

12.5.3 Schlüsselwort zu RATIONALE ZAHLEN

Schlüsselwort	*liegen, lag, gelegen*
Assoziationen	im Bett liegen, auf dem Sofa liegen in einer unangenehmen Lage sein, die aktuelle Lage
Anderen Sprachen	to lie
Bedeutung/Verwendung im alltäglichen Kontext	Bestimmung des Ortes: im Bett oder auf dem Sofa liegen, das Buch liegt auf dem Tisch Etwas mögen/können/bevorzugen: Joggen liegt mir (oder nicht).
Bedeutung/Verwendung im fachlichen Kontext	*geografisch*: Venedig liegt in Italien. Der Ort liegt auf einer Höhe von 350m Die Punkte liegen auf der Geraden Lokal: die Lage der Messpunkte, die Lage der Geraden
Kollokationen und Kombinationen	liegt auf ... liegt in ... auf der Geraden liegen
Präpositionalphrasen	in einer Ebene liegen; auf einer Geraden liegen; in Italien liegen; an der Donau liegen
Synonyme; Paraphrasierungen	sich befinden
Antonyme	
Homonyme	liegen (als Position des Körpers) liegen (sich befinden)
Oberbegriff	Position
Redewendungen, Sprichwörter	Wie man sich bettet, so liegt man.
Wortbildungen (Komposita, Affixe)	Liege, Liegenschaft, sich verlegen, aufliegen; Lage
Wörter, die ähnlich aussehen oder klingen	lügen, lieben, leihen, verliehen, verlieben, biegen, Waage, legen
Etymologie	liggen (ahd.), ligen (mhd.) – sich befinden

12.6 MATHEMATIK

12.6.1 Konkretisierungsraster zu KREIS/Beschreiben

Klasse: 8		Thema: Umfang und Durchmesser eines Kreis	Datum:
Aufgabenstellung		Bestimme mit einem Partner/einer Partnerin durch Abmessen den Umfang sowie den Durchmesser der mitgebrachten Gegenstände. Halte die Ergebnisse tabellarisch fest. Beschreibt euer Vorgehen für einen der Gegenstände.	
Sprachhandlung		Beschreiben	
Ausformulierter Erwartungshorizont		*Wir haben uns für die Schallplatte entschieden. Zuerst markieren wir eine Stelle auf der Platte. Danach legen wir die Markierung der Platte auf den Nullpunkt des Maßbandes. Nun rollen wir die Platte auf dem Band entlang, bis die Markierung wieder auf dem Maßband angekommen ist. Dies entspricht einer kompletten Umdrehung. Diesen Wert, den die Markierung jetzt am Maßband anzeigt, lesen wir ab und haben somit den Umfang der Platte bestimmt. Anschließend nehmen wir das Maßband und messen die Schallplatte von einer Stelle am Rand über den Mittelpunkt hinweg zum genau gegenüberliegenden Randpunkt ab. Die Strecke zwischen den beiden Randpunkten ist der Durchmesser der Platte.*	
Sprachliche Mittel	Wortebene	e Schallplatte, -n, e Stelle, -n, e Platte, -n, e Markierung, -en, r Nullpunkt, s Maßband, -¨er, e Umdrehung, -en, r Wert, -e, r Umfang, -¨e, r Rand, -¨er, r Mittelpunkt, -e, r Randpunkt, -e, r Durchmesser, - entscheiden (entschied, entschieden), markieren, (entlang)rollen, <u>ab</u>lesen (-las, -gelesen), bestimmen, messen (maß, gemessen), ermitteln, <u>gegenüber</u>liegen (-lag, -gelegen), komplett	
	Satz- und Textebene	entscheiden **für** etwas Wir haben uns **für** ... entschieden. Wir nehmen ... Zuerst ... Dann ... Danach ... Anschließend ... **auf** den Nullpunkt legen, den Messwert ablesen, den Umfang bestimmen, den Wert ermitteln	

12.6.2 Schlüsselwort zu KREIS

Schlüsselwort	*bestimmen*
Assoziationen	Chef, entscheiden
Anderen Sprachen	to determine (engl.), classificare (ital.)
Bedeutung/Verwendung im alltäglichen Kontext	etwas zu sagen haben, Entscheidungen für andere treffen; bestimmt sein (entschlossen sein), alles bestimmen, das Thema bestimmen
Bedeutung/Verwendung im fachlichen Kontext	Messwert messen, eine Größe durch einen Versuch messen
Kollokationen und Kombinationen	den Wert bestimmen, die Größe bestimmen, die Koordinaten bestimmen; ein bestimmter Grund, bestimmte Symptome
Präpositionalphrasen	
Synonyme; Paraphrasierungen	messen
Antonyme	
Homonyme	bestimmen (entscheiden) – bestimmen (messen)
Oberbegriff	
Redewendungen, Sprichwörter	Bestimmt (nicht)! Etwas mit Bestimmtheit sagen. Nicht für die Öffentlichkeit bestimmt. Füreinander bestimmt sein. Es ist Bestimmung.
Wortbildungen (Komposita, Affixe)	-stimm- stimmen, verstimmen, erstimmen, Stimme, Stimmung, stimmig, bestimmt, Bestimmung, Bestimmtheit
Wörter, die ähnlich aussehen oder klingen	stemmen, stämmig, schwimmen
Etymologie	festlegen, definieren; spätmhd. benennen (durch die Stimme festsetzen)

12.7 GESCHICHTE

12.7.1 Konkretisierungsraster zu INDUSTRIALISIERUNG/ Beschreiben

<table>
<tr><th colspan="2">Klasse: 7./8.</th><th>Thema: Industrialisierung</th><th>Datum:</th></tr>
<tr><td colspan="2">Aufgabenstellung</td><td colspan="2">Wie lebten Arbeiterinnen und Arbeiter in Berlin? Beschreibe das Foto.</td></tr>
<tr><td colspan="2">Operator/ Sprach-handlung</td><td colspan="2">Beschreiben</td></tr>
<tr><td colspan="2">Ausformulierter Erwartungshorizont</td><td colspan="2">Das Foto heißt „Wohn- und Schlafraum in der Manteuffelstr. 64 in Berlin“. Es entstand im Jahr 1910. Das Foto zeigt ein Zimmer. In diesem Zimmer befinden sich vier Menschen, zwei erwachsene Frauen und zwei Mädchen. In der Mitte des Fotos steht ein Tisch, an den Seiten stehen ein Bett, ein Glasschrank, ein Wandregal, ein weiterer Tisch. Man sieht mehrere Körbe und Kartons. Die Frauen und Mädchen arbeiten. Es ist nicht zu erkennen, was sie genau machen. Ein Mädchen blickt in die Kamera.</td></tr>
<tr><td rowspan="2">Sprachliche Mittel</td><td>Wortebene</td><td colspan="2">s Foto, -s, r Wohnraum, -¨e, r Schlafraum, -¨e, s Jahr, -e, s Zimmer, - , r Mensch, -en, e Frau, -en, s Mädchen, -, e Mitte, -, r Tisch, -e, e Seite, -n, s Bett, -en, r Glasschrank, -¨e, s Wandregal, -e, r Korb, -¨e, r Karton, -s, e Kamera, -s
e Mannteuffelstraße, Berlin, 1910
heißen (hieß, geheißen), entstehen (entstand, entstanden), zeigen, sich befinden (befand sich, sich befunden), stehen (stand, gestanden), sehen (sah, gesehen), arbeiten, erkennen (erkannte, erkannt), machen, blicken
genau, nicht, mehrere, vier
dahinter, darunter, daneben</td></tr>
<tr><td>Satz- und Textebene</td><td colspan="2">in der Straße, in Berlin, im Jahr 1910, in der Mitte, im Hintergrund, in die Kamera, an der Seite, auf dem Boden, auf dem Bett, …
Das Foto heißt …; Das Foto zeigt …; Es entstand …; Es ist … zu erkennen; Man sieht …; In der Mitte …</td></tr>
</table>

(Ausarbeitung auf Basis einer Aufgabenstellung von Gabriele Thierkopf-Diallo und Brigitte Schulte)

12.7.2 Schlüsselwort zu INDUSTRIALISIERUNG

Schlüsselwort	***e Arbeit, -n***
Assoziationen	etwas tun, Geld verdienen, Mühe
In anderen Sprachen	work (eng.), lavoro
Bedeutung/Verwendung im **alltäglichen** Kontext	Tätigkeit, Beschäftigung
Bedeutung/Verwendung im **fachlichen** Kontext	*Geschichte*: Erwerbstätigkeit; Arbeiter/innen als soziale Klasse *Physik*: Arbeit ist Kraft mal Weg, Arbeit als Form von Energie
Kollokationen und Kombinationen	*alltäglich*: Arbeit machen, Arbeit leisten, körperliche/geistige Arbeit *Erwerbstätigkeit*: Arbeit annehmen, Arbeit suchen, Arbeit finden *Physik*: Arbeit verrichten
Verwendung mit Präpositionen	**auf** Arbeit sein, **in** der Arbeit sein (Person befindet sich am Arbeitsplatz); **an** die Arbeit machen (mit der Arbeit beginnen); **in** Arbeit sein (etwas ist im Arbeitsprozess)
Synonyme; Paraphrasierungen	Erwerbstätigkeit, Beschäftigung, Mühe, Beschwerlichkeit
Antonyme	Arbeitslosigkeit
Homonyme	Arbeit (Werk, Erzeugnis), Arbeit (Kraft mal Weg), Arbeit (Tätigkeit), Arbeit (Training)
Oberbegriff	
Redewendungen, Sprichwörter	nach getaner Arbeit, jemandem viel Arbeit machen, die Arbeit geht voran, die Arbeit läuft uns nicht davon, in Arbeit ertrinken
Wortbildungen (Komposita, Affixe)	Lohnarbeit, Arbeitsplatz, Arbeitslosigkeit, Arbeitsuche, Arbeitsverhältnis, Hausarbeit, Klassenarbeit, Seminararbeit, Gartenarbeit, arbeitslos, arbeitsam; verarbeiten, bearbeiten, abarbeiten, zuarbeiten, ausarbeiten
Wörter, die ähnlich aussehen oder ähnlich klingen	ableiten
Etymologie	arebeit (mhd.)

12.8 DEUTSCH

12.8.1 Konkretisierungsraster zu RECHTSCHREIBUNG/Erklären

Klasse: 7/8	Thema: Rechtschreibung	Datum:
Aufgabenstellung		Erkläre, welche Satzendzeichen für die unterschiedlichen Satzarten verwendet werden.
Sprachhandlung		Erklären
Ausformulierter Erwartungshorizont		*Es gibt drei verschiedene Satzendzeichen: den Punkt, das Fragezeichen und das Ausrufezeichen. Der Punkt wird für normale Aussagesätze verwendet. Das Fragezeichen wird bei Fragesätzen verwendet. Das Ausrufezeichen wird bei Aufforderungssätzen oder bei Ausrufen verwendet.*
Sprachliche Mittel	Wortebene	s Satzendzeichen, -, r Punkt, -e, s Fragezeichen, -, s Ausrufungszeichen, -, r Ausruf, -e, e Satzart, -en, r Aussagesatz, -¨e, r Fragesatz, -¨e , r Aufforderungssatz, -¨e; geben (gab, gegeben), verwenden drei, verschieden, normal
	Satz- und Textebene	bei Fragesätzen verwenden Satz – Sätze Unpersönliche Form: *Es gibt …* Passiv: *wird … verwendet* Aufzählung: *und, oder*

12.8.2 Schlüsselwort zu RECHTSCHREIBUNG

Schlüsselwort	***r Satz, -¨e***
Assoziationen	einen Satz machen, springen; Zinssatz; Datensatz
Anderen Sprachen	sentence, phrase (en.)
Bedeutung/Verwendung im alltäglichen Kontext	Äußerung; Sprung; Zinsen; Set (zusammengehörige Gegenstände)
Bedeutung/Verwendung im fachlichen Kontext	Grammatik: geschlossene sprachliche Einheit
Kollokationen und Kombinationen	einen Satz bilden (fachl.); Satzglieder bestimmen (fachl.); in ganzen Sätzen sprechen (schulisch); ein vollständiger Satz
Präpositionalphrasen	in einem ganzen Satz
Synonyme; Paraphrasierungen	Phrase
Antonyme	
Homonyme	Satz im Sport: Spielabschnitt Satz in der Musik: Teil eines Musikstückes
Oberbegriff	sprachliche Einheit
Redewendungen, Sprichwörter	keinen geraden Satz bilden können; auf dem Absatz kehrt machen; bei vollem Einsatz
Wortbildungen (Komposita, Affixe)	Fragesatz, Antwortsatz, Aussagesatz, Aufforderungssatz; Satzbildung, Satzanfang, Satzarten, Satzzeichen; Ersatz, Schadensersatz, Einsatz, Umsatz, Gegensatz, Vorsatz, Absatz, Aufsatz
Wörter, die ähnlich aussehen oder klingen	Sitz, satt, Fratz, Platz, setz, Salz
Etymologie	saz (mhd.): Bestimmung, Vertrag

12.9 DEUTSCH

12.9.1 Konkretisierungsraster zu PRÄPOSITIONEN/Erläutern

Klasse: 7/8		Thema: Präpositionen	Datum:
Aufgabenstellung		Erläutere an einem Beispiel die Verwendung des 3. oder des 4. Falls in Kombination mit der Präposition „in".	
Sprach-handlung		Erläutern	
Ausformulierter Erwartungshorizont		*Die Präposition „in" kann sowohl mit dem dritten als auch mit dem vierten Fall auftreten.* *Die Frage nach dem Wo? verlangt den dritten Fall. Beispiel: „Wo bist Du gewesen? Im Kino."* *Die Frage Wohin? verlangt den vierten Fall. Beispiel: „Wohin gehst Du? Ins Kino."*	
Sprachliche Mittel	Wortebene	e Präposition, -en, e Verwendung, -en, r Fall, -¨e, e Kombination, -en, s Beispiel, -e, r Dativ, r Akkusativ erläutern, können (konnte, gekonnt), auftreten (-trat, getreten), verlangen an, in (Präp.), Wo?, Wohin?, dritter, vierter, 3., 4. sowohl – als auch	
	Satz- und Textebene	**an** einem Beispiel erläutern **in** Kombination mit **mit** dem 3. Fall auftreten **nach** dem *Wo?* fragen	

12.9.2 Schlüsselwort zu PRÄPOSITIONEN

Schlüsselwort	*r Fall, -¨e*
Assoziationen	Sturz; Aktienkurs fällt; Fall der Berliner Mauer; Kriminalfall
Anderen Sprachen	case (en.)
Bedeutung/Verwendung im alltäglichen Kontext	Sturz; besondere Gegebenheit; Ereignis
Bedeutung/Verwendung im fachlichen Kontext	grammatische Form; Ausdruck der Beziehung des Wortes zu anderen Teilen des Satzes
Kollokationen und Kombinationen	Grammatik: einen Fall verlangen; in einen Fall setzen; Recht: einen Fall übernehmen; einen Fall konstruieren; Physik: der freie Fall
Präpositionalphrasen	in einen Fall setzen
Synonyme; Paraphrasierungen	Kasus
Antonyme	
Homonyme	Alltag: Sturz Jura: rechtlicher Fall
Oberbegriff	
Redewendungen, Sprichwörter	Wer hoch fliegt, der fällt tief. Gesetzt den Fall ... Um eine Gelegenheit umfallen.
Wortbildungen (Komposita, Affixe)	Abfall, Ausfall, Befall, Entfall, Verfall; Fallobst, Fallschirm, Fallstudie; fallen, umfallen, gefallen; fällig, Fälligkeit, ...
Wörter, die ähnlich aussehen oder klingen	fahl, Pfahl, Fell, feld, falsch, voll, viel
Etymologie	fal (ahd.) (Sturz)

12.10 PHYSIK

12.10.1 Konkretisierungsraster zu ELEKTRISCHE LADUNG/ Aufzählen, Beschreiben

Klasse: 7	Thema: Elektrische Ladung	Datum:
Aufgabenstellung	1) Zähle Beispiele aus dem Alltag auf, wo sich elektrische Ladungen bemerkbar machen. Zähle Dinge auf, die du elektrisch aufladen kannst. 2) Beschreibe, wie du mit einem Kunststoffstab Pfeffer und Zucker trennen kannst.	
Sprachhandlung	1) Aufzählen; 2) Beschreiben	
Ausformulierter Erwartungshorizont	*1) Haare, Kamm, Klarsichtfolie, Pullover, Gegenstände aus Kunststoff, …* *2) Ich vermische Zucker und Pfeffer in einer Schale. Dann reibe ich einen Kunststoffstab mit einem Stück Fell oder Wolle. Dann führe ich den Kunststoffstab dicht an die Mischung heran, ohne dass der Stab die Mischung berührt. Die Pfefferkörnchen hüpfen auf den Kunststoffstab und bleiben an ihm kleben. Der Zucker bleibt in der Schale liegen.*	
Sprachliche Mittel – Wortebene	r Alltag, e Ladung, -en, s Ding, -e, r Gegenstand, -¨e, r Kunststoff, -e, s Haar, e, r Kamm, -¨e, e Klarsichtfolie, -n, e Folie, -n, r Pullover, -, r Stab, -¨e, r Pfeffer, r Zucker aufzählen, bemerkbar machen, aufladen (-lud, -geladen), trennen, vermischen, reiben (rieb, gerieben), heranführen, berühren, hüpfen, kleben bleiben (blieb, geblieben), liegen bleiben	
Sprachliche Mittel – Satz- und Textebene	**in** einer Schale **mit** einem Stück **an** die Mischung **auf** den Kunststoffstab hüpfen, **an** dem Kunststoffstab kleben **in** der Schale	

12.10.2 Schlüsselwort zu ELEKTRISCHE LADUNG

Schlüsselwort	***e Ladung, -en***
Assoziationen	Fracht, Transport, Lieferung; Geschäft (Blumenladen), Handy aufladen, Ladegerät
Anderen Sprachen	load (eng.), carica (ital.)
Bedeutung/Verwendung im alltäglichen Kontext	Last, Ladung als Mengenangabe (eine Ladung von etwas bestellen; eine neue Ladung ...); Fracht; Ladung als Aufforderung (z.B. bei Gericht)
Bedeutung/Verwendung im fachlichen Kontext	Elektrische Ladung; Ladung besitzen; Es gibt nur zwei Arten der elektrischen Ladung: positiv und negativ
Kollokationen und Kombinationen	Ladung besitzen, Ladung anbringen, Ladung übertragen, Ladung aufnehmen, Ladung ausgleichen; positive/ negative Ladung, geladen sein
Präpositionalphrasen	
Synonyme; Paraphrasierungen	Fracht, Menge (alltägl.)
Antonyme	geladen – ungeladen geladen – neutral positiv – negativ
Homonyme	Ladung (Bekanntmachung, Aufforderung);
Oberbegriff	
Redewendungen, Sprichwörter	
Wortbildungen (Komposita, Affixe)	Lad-, beladen, verladen, entladen, einladen, ausladen, aufladen; Einladung, Vorladung, (Turbo-)Lader, Beladung
Wörter, die ähnlich aussehen oder klingen	Landung, Lage, Belag, Belegung; belegen, verlegen, entlegen, auslegen, Laden, baden
Etymologie	lade (mhd.)

12.11 PHYSIK

12.11.1 Konkretisierungsraster zu SOLARZELLE/Nennen; Beschreiben

Klasse: 10		Thema: Solarzelle	Datum:
Aufgabenstellung		1) Nenne die Bestandteile einer Solarzelle. 2) Beschreibe den Aufbau einer Solarzelle.	
Sprach-handlung		1) Nennen; 2) Beschreiben	
Ausformulierter Erwartungshorizont		*1) n-dotiertes Silizium, Grenzschicht, p-dotiertes Silizium* *2) Eine Solarzelle besteht aus mehreren Schichten: die oberste Schicht, die auch der Sonne zugewandt ist, besteht aus n-dotiertem Silicium. Diese Schicht bildet den negativen Pol. Die Schicht, welche der Sonne abgewandt ist, besteht aus p-dotiertem Silicium. Sie bildet den positiven Pol. Dazwischen liegt eine Grenzschicht. Beide Schichten sind über Kontakte miteinander verbunden. Dazwischengeschaltet ist ein Motor.*	
Sprachliche Mittel	Wortebene	1) n-dotiertes Silicium, e Grenzschicht, -en, p-dotiertes Silicium; dotieren 2) e Solarzelle, -en, e Schicht, -en, e Sonne, -n, s Silicium, negativer/positiver Pol, -e, r Kontakt, -e, r Motor, -en	
	Satz- und Textebene	**bestehen aus** (bestand, bestanden), zuwenden, zugewandt sein, **bilden**, liegen (lag, gelegen), **miteinander verbinden** (verband, verbunden), dazwischenschalten; mehrere, oberste, positiv/negativ, beide	

12.11.2 Konkretisierungsraster zu SOLARZELLE/Erläutern

Klasse: 10		Thema: Solarzelle	Datum:
Aufgabenstellung		Erläutere die Funktionsweise einer Solarzelle.	
Sprachhandlung		Erläutern	
Ausformulierter Erwartungshorizont		*Wenn Sonnenlicht auf den negativen Pol der Solarzelle fällt, wird die Energie des Sonnenlichts auf die Elektronen in der n-Schicht übertragen und die Elektronen werden frei. Das heißt, sie beginnen sich frei zu bewegen. Zwischen den beiden Schichten entsteht eine elektrische Spannung. Wenn der Stromkreis zwischen den beiden Schichten geschlossen wird, fließt Gleichstrom. Mit diesem Strom kann zum Beispiel ein Motor betrieben werden.*	
Sprachliche Mittel	Wortebene	s Sonnenlicht, e Energie, -n, s Elektron, -en, elektrische Spannung, r Stromkreis, -e, r Gleichstrom, r Motor, -en	
	Satz- und Textebene	Fallen (fiel, gefallen), (**Sonnenlicht fällt auf ...**), <u>über</u>tragen (-trug, -getragen) (**Energie übertragen**), frei werden (wurde, geworden) (**Elektronen werden frei**), frei bewegen, schließen (schloss, geschlossen), (**Stromkreis schließen**), betreiben (betrieb, betrieben) (**Motor betreiben**)	

12.11.3 Konkretisierungsraster zu SOLARZELLE/Erläutern

<table>
<tr><th colspan="2">Klasse: 10</th><th>Thema: Solarzelle</th><th>Datum:</th></tr>
<tr><td colspan="2">Aufgabenstellung</td><td colspan="2">Erläutere die Energieumwandlung in einer Solarzelle.</td></tr>
<tr><td colspan="2">Sprachhandlung</td><td colspan="2">Erläutern</td></tr>
<tr><td colspan="2">Ausformulierter Erwartungshorizont</td><td colspan="2">Die Energie des Sonnenlichts wird in elektrische Energie umgewandelt. Das bedeutet, dass Elektronen sich anders zu verteilen beginnen, und zwar so, dass auf einer Seite ein Elektronenüberschuss und auf der anderen Seite ein Elektronenmangel entsteht. Dadurch entsteht eine elektrische Spannung. Die elektrische Energie kann nun in eine andere Energieform umgewandelt werden, z.B. durch einen Motor in Bewegungsenergie.</td></tr>
<tr><td rowspan="2">Sprachliche Mittel</td><td>Wortebene</td><td colspan="2">r Elektronenüberschuss, -¨e, r Elektronenmangel,
e Energieform, -en, e Bewegungsenergie, -n

Energie <u>um</u>wandeln, Elektronen verteilen</td></tr>
<tr><td>Satz- und Textebene</td><td colspan="2">Wird … umgewandelt;
und zwar …
dadurch
… nun …
z.B. …</td></tr>
</table>

12.11.4 Konkretisierungsraster zu SOLARZELLE/Begründen

<table>
<tr><th colspan="2">Klasse: 10</th><th>Thema: Solarzelle</th><th>Datum:</th></tr>
<tr><td colspan="2">Aufgabenstellung</td><td colspan="2">Begründe den Nutzen einer Solarzelle.</td></tr>
<tr><td colspan="2">Sprach-
handlung</td><td colspan="2">Begründen</td></tr>
<tr><td colspan="2">Ausformulierter Erwartungshorizont</td><td colspan="2">Der Vorteil einer Solarzelle besteht darin, dass die Sonne als Energielieferant genutzt wird, um elektrische Energie zu erzeugen. Andere Möglichkeiten zur Erzeugung von elektrischer Energie wären chemische Energiequellen (Batterie), Kernkraftwerke oder kalorische Kraftwerke. Kernenergie und kalorische Energiequellen gelten jedoch nicht als nachhaltige Energiequellen. Die Sonnenenergie steht gratis und unlimitiert zur Verfügung. Ein Nachteil von Solarzellen ist, dass zu ihrer Produktion Silicium notwendig ist. Silicium ist ein begrenzter Rohstoff und kann nicht umweltfreundlich gewonnen werden.</td></tr>
<tr><td rowspan="2">Sprachliche Mittel</td><td>Wortebene</td><td colspan="2">r Vorteil, -e / r Nachteil, -e, r Energielieferant, -en, e Möglichkeit, -en, e Erzeugung, -en, e Energiequelle, -n, e Batterie, -n, s Kernkraftwerk, -e, kalorische Kraftwerke, e Kernenergie, -n, e Verfügung, -en, e Produktion, -en, r Rohstoff, -e</td></tr>
<tr><td>Satz- und Textebene</td><td colspan="2">bestehen (bestand, bestanden) besteht darin, nutzen (als … genutzt werden), erzeugen (Energie erzeugen – e Energieerzeugung, -en); gelten (galt, gegolten), zur Verfügung stehen (stand, gestanden), notwendig sein (war, gewesen), gewinnen (gewann, gewonnen);
nachhaltig, notwendig, begrenzt, umweltfreundlich;
darin, dass …; andere, jedoch</td></tr>
</table>

12.11.5 Schlüsselwort zu SOLARZELLE

Schlüsselwort	***e Form, -en***
Assoziationen	Figur, Aussehen, Backform, Körperform
Anderen Sprachen	shape, form (engl.), kind (engl.); formare (lat. bilden)
Bedeutung/Verwendung im alltäglichen Kontext	Das Aussehen, die Gestalt Die Art und Weise, wie etwas gemacht wird.
Bedeutung/Verwendung im fachlichen Kontext	eine Art von Energie; Energieformen: chemische E., mechanische E., elektrische E., magnetische E., thermische Energie E., Strahlungsenergie, Gravitiationsenergie, Kernenergie, potentielle E., kinetische E.
Kollokationen und Kombinationen	eine Energieform in eine andere **Energieform umwandeln;** **Energie übertragen**
Präpositionalphrasen	umwandeln **in** eine Energieform
Synonyme; Paraphrasierungen	Aussehen, Gestalt (alltägl.) Licht, Wärme (physik.)
Antonyme	
Homonyme	
Oberbegriff	Art
Redewendungen, Sprichwörter	
Wortbildungen (Komposita, Affixe)	Form – Formen (pl.), umformen, förmig, förmlich, formal, formell, informell, informieren, Information
Wörter, die ähnlich aussehen oder klingen	Formel; (Formel umwandeln), Format, Vormittag, fromm
Etymologie	forma (lat. Gestalt, Erscheinungsweise)

12.12 GEOGRAFIE

12.12.1 Konkretisierungsraster zu BEVÖLKERUNG/Beschreiben

<table>
<tr><th colspan="2">Klasse: 2. HLW (10. Schulstufe)</th><th>Thema: Bevölkerungsdiagramm auswerten</th><th>Datum:</th></tr>
<tr><td colspan="2">Aufgabenstellung</td><td colspan="2">Beschreiben Sie den Altersaufbau der Bevölkerung.
Gibt es Auffälligkeiten bzw. Unregelmäßigkeiten?</td></tr>
<tr><td colspan="2">Sprach-handlung</td><td colspan="2">Beschreiben</td></tr>
<tr><td colspan="2">Ausformulierter Erwartungshorizont</td><td colspan="2">In der Grafik werden Frauen und Männer nach Altersjahren getrennt dargestellt. Die Gruppe der Kinder und Jugendlichen (0- bis 14-Jährigen) nimmt dabei ca. 18% (= 14 Mio.) der Gesamtbevölkerung ein. Die Gruppe der Erwerbstätigen (15–65 Jahre) stellt mit ca. 61% (= 50 Mio.) die größte Gruppe dar. Die Zahl der Nichterwerbstätigen (ü. 65 Jahre) beträgt ca. 21% (=17 Mio.). Die Gesamtbevölkerungszahl Deutschlands beträgt ca. 81 Mio. Menschen.
Hohe Bevölkerungszahlen gibt es in der Gruppe der 25- bis 36-Jährigen, 42- bis 56-Jährigen und 71- bis 82-Jährigen.
Geringe Bevölkerungszahlen finden sich in den Altersgruppen der 0- bis 15-Jährigen, 40- bis 43-Jährigen und auch der 69- bis 70-Jährigen.
Die Altersgruppe der 0- bis 15-Jährigen blieb in den letzten 15 Jahren annähernd gleich groß.</td></tr>
<tr><td rowspan="2">Sprachliche Mittel</td><td>Wortebene</td><td colspan="2">e Gesamtbevölkerung, e Bevölkerungszahl, -en, e Altersgruppe, -n, e Verteilung, -en, r/e Erwerbstätige, -n, r/e Nicht-Erwerbstätige, -n, e Überschuss, -¨e, 14-Jährige
einnehmen (nahm, genommen), gleichbleiben (blieb, geblieben), darstellen, betragen (betrug, betragen), ansteigen (-stieg, -gestiegen), sich finden (fand, gefunden), aufweisen (-wies, -gewiesen);
annähernd, gleich, groß (größer, am größten)</td></tr>
<tr><td>Satz- und Textebene</td><td colspan="2">14 Mio = 18%; mit 61%; ca. 21%; ca. 81 Mio; Altersgruppe 0–54 Jahre; ab 70 Jahre
die größte Gruppe
die Gruppe der Kinder-und Jugendlichen, die Gruppe der Erwerbstätigen, die Zahl der Nicht-Erwerbstätigen, die Gesamtbevölkerungszahl Deutschlands (Genitiv)
nach Altersjahren darstellen; getrennt darstellen;
hohe/geringe Bevölkerungszahlen, in den vergangenen 15 Jahre</td></tr>
</table>

12.12.2 Schlüsselwort zu BEVÖLKERUNG

Schlüsselwort	*erwerbstätig*
Assoziationen	etwas erwerben, kaufen; eine Tat (Verbrechen)
Anderen Sprachen	aquisition; employed (en.)
Bedeutung/Verwendung im alltäglichen Kontext	etwas kaufen; etwas für etwas andere bekommen; etwas tun
Bedeutung/Verwendung im fachlichen Kontext	Beruf; einer regelmäßigen Arbeit nachgehen; angestellt sein; in einem Arbeitsverhältnis stehen; Einkommen durch Arbeit haben
Kollokationen und Kombinationen	Minderung der Erwerbstätigkeit; erwerbstätige Bevölkerung; Vermögen erwerben; einen Titel erwerben; eine Tat verüben
Präpositionalphrasen	die Erwerbstätigkeit **bei** 50-Jährigen ...
Synonyme; Paraphrasierungen	arbeitend
Antonyme	arbeitslos; Nichterwerbstätige; erwerbsunfähig
Homonyme	
Oberbegriff	tätig sein
Redewendungen, Sprichwörter	auf frischer Tat ertappt werden; den Worten Taten folgen lassen
Wortbildungen (Komposita, Affixe)	Erwerbstätige; Erwerbstätigkeit; Erwerbsminderung; Erwerbsunfähigkeit
Wörter, die ähnlich aussehen oder klingen	erben, Erbe, werben, Werbung, erwerbsfähig
Etymologie	werben (mhd.) – tätig sein, bemühen

12.13 SPORT

12.13.1 Konkretisierungsraster zu BASKETBALL/Beschreiben

Klasse: 10		**Thema: Basketball**	**Datum:**
Aufgabenstellung		**Beschreibe** den Ablauf des Korblegers beim Basketball.	
Sprach-handlung		Beschreiben	
Ausformulierter Erwartungshorizont		*Der Ball wird mit der rechten Hand gedribbelt und setzt dabei zeitgleich mit dem linken Fuß auf den Boden auf* *Dann erfolgt der erste flache Schritt ohne Dribbling mit dem rechten Bein und der zweite Kontakt als Schritt mit Absprung vom linken Bein.* *Das rechte Bein wird hochgezogen und unterstützt die Absprungbewegung. Der Ball wird vor dem Körper hochgeführt und die rechte Hand unter den Ball gebracht. Die linke Hand ist die Stützhand.* *Im höchsten Punkt des Sprunges wird der Ellenbogen gestreckt und das Handgelenk zum Wurf abgeklappt.* *Der Anlaufwinkel wird etwa 45° zum Brett angepasst. Der Korbleger wird indirekt, also mit Brettkontakt, durchgeführt..*	
Sprachliche Mittel	**Wortebene**	**Nomen:** r Ablauf, -¨e, r Basketball, -¨e, s Dribbling, s Brett, **-er,** r Korb, -¨e, r Korbleger, **-,** **r** Kontakt, **-e,** **r** Ellenbogen, **-,** s Handgelenk, **-e,** **e** Stützhand, ¨e, r Wurf, ¨e, r Anlaufwinkel, **-,** s Absprungbewegung, **-en,** **r** Brettkontakt, -e **Verben:** dribbeln, <u>hoch</u>ziehen (-zog, -gezogen), unterstützen, <u>hoch</u>führen, <u>ab</u>klappen, strecken, <u>auf</u>setzen **Adjektive, Adverbien:** rechts, links, dabei, zeitgleich, erster, zweiter, indirekt	
	Satz- und Textebene	den Ellenbogen *strecken,* das Bein *<u>hoch</u>ziehen,* die Absprungbewegung *unterstützen* das Handgelenk **zum** Wurf *<u>ab</u>klappen* den Anlaufwinkel **zum** Brett *<u>an</u>passen* die Stützhand **unter** den Ball *bringen* **auf** den Boden *<u>auf</u>setzen* **vor** dem Körper *<u>hoch</u>führen* **im** höchsten Punkt	

(Nach einer Ausarbeitung von Henrike Lübbers, Tomte Rode und Maren Steinmeier)

12.13.2 Schlüsselwort zu BASKETBALL

Schlüsselwort	***e Lauf, -¨e***
Assoziationen	Wasser läuft ab; der Ablauf einer Veranstaltung; Ablaufdatum
Anderen Sprachen	expiry; schedule (en.)
Bedeutung/Verwendung im alltäglichen Kontext	etwas geht zu Ende; eine Frist; Wasser fließt ab
Bedeutung/Verwendung im fachlichen Kontext	Vorgang eines Geschehens, Prozess
Kollokationen und Kombinationen	den Ablauf festsetzen; den Ablauf planen; den Ablauf beschreiben; den Ablauf stören
Präpositionalphrasen	
Synonyme; Paraphrasierungen	einzelne Schritte; Prozess; Verlauf
Antonyme	stocken, Stau, Verstopfung
Homonyme	Ablauf (Wasserleitung) Ablauf (Vorgang)
Oberbegriff	
Redewendungen, Sprichwörter	Für einen glatten Ablauf sorgen; das Ablaufdatum beachten
Wortbildungen (Komposita, Affixe)	Ablaufbeschreibung, Fristablauf, Ablaufdatum; ablaufen; -lauf-: verlaufen, entlaufen, sich belaufen, volllaufen, gelaufen; Verlauf, Laufzeit, …
Wörter, die ähnlich aussehen oder klingen	Abkauf, Ablaut, Laut, lauten, Schlaufe, Kauf
Etymologie	louf (ahd.) – Lauf, Rennen

12.14 WERKEN Werkzeuge

12.14.1 Konkretisierungsraster zu WERKZEUGE/Begründen

Klasse: 10 (Beruf)		Thema: Handgeführte Werkzeuge	Datum:
Aufgabenstellung		Ein Stück Metall soll gebogen werden. Wähle zum Biegen passende Werkzeuge und Hilfsmittel aus und begründe deine Auswahl.	
Sprachhandlung		Begründen	
Ausformulierter Erwartungshorizont		*Ich habe mich für den Kunststoffhammer entschieden, um in die Oberfläche des Bleches keine Dellen zu schlagen.* *Ich habe mich für den Schlosserhammer entschieden, da ich ihn schon immer verwendet habe. Damit die Oberfläche nicht beschädigt wird und keine Kratzer bekommt, kann ich sie mit einem Hilfsmittel als Zwischenstück schonen.* *Ich habe mich für den Gummihammer entschieden, da ich kein Zwischenstück benötige. Er ist sehr günstig und die Blechdicke ist hierfür passend.*	
Sprachliche Mittel	Wortebene	r Kunststoffhammer, -, e Oberfläche, -n, e Delle, -n, r Kratzer, -, s Hilfsmittel, -, s Zwischenstück, -e, r Gummihammer, -, r Schlosserhammer, , s Blech, -e, e Blechdicke, -n passend, entscheiden (entschied, entschieden), schlagen (schlug, geschlagen) (Dellen schlagen), schonen, etwas zerkratzen, beschädigen, benötigen; günstig	
	Satz- und Textebene	Ich habe mich **für** ... entschieden, weil/da ... entscheiden **für** ... ; um ... zu ; damit ...; ..., weil ...; ..., da ...	

(Nach einer Ausarbeitung von Edgar Ens, Carsten Kellersmann, Ki-Bum Kim und Peter Keller)

12.14.2 Schlüsselwort zu WERKZEUGE

Schlüsselwort	*e Oberfläche, -n*
Assoziationen	Wasser, See; Erdoberfläche; nicht tiefgründig, Flachdach
Anderen Sprachen	surface (engl.), superficie (ital.)
Bedeutung/Verwendung im alltäglichen Kontext	etwas, das außen und oben ist; oberflächlich sein; an die Oberfläche kommen
Bedeutung/Verwendung im fachlichen Kontext	Die gesamte Außenfläche; geometrische Körper: Oberfläche ist Grundfläche, Deckfläche, Mantelfläche; Kugeloberfläche
Kollokationen und Kombinationen	Oberfläche berechnen
Präpositionalphrasen	an der Oberfläche, auf der Oberfläche
Synonyme; Paraphrasierungen	Haut, Kruste (Erde)
Antonyme	Oberfläche des Sees – Grund des Sees; oberflächlich sein – tiefgründig sein
Homonyme	
Oberbegriff	Fläche
Redewendungen, Sprichwörter	etwas nur oberflächlich behandeln
Wortbildungen (Komposita, Affixe)	Wasseroberfläche; oberflächlich
Wörter, die ähnlich aussehen oder klingen	
Etymologie	

13. Beispiele zur Übung

Die folgenden Beispiele können sowohl in der universitären Lehre als auch in der Aus- und Fortbildung von Lehrkräften als Übungsbeispiele eingesetzt werden.

13.1 Bildungssprachliche Merkmale erkennen

- **Welche bildungs- und fachsprachlichen Merkmale tragen diese kurzen Textausschnitte? Markieren und benennen Sie diese!**

Wenn Sie nicht weiterwissen, ziehen Sie die Tabelle der Merkmale von Bildungssprache (Abb. 14) heran.

Text	Merkmale
Getestet wurde die Zufriedenheit der Käufer. Die Erhebung ergab, dass 30% mit dem Angebot unzufrieden sind.	
Wenn einem Körper Energie zugeführt wird, kann sich die Bewegung der Teilchen verstärken. Das macht sich durch die Temperaturzunahme bemerkbar.	
Wie viel Meter legt der Schall in 5s in Luft, in Wasser und in Glas zurück?	
Wird das radioaktive Material mit der Nahrung aufgenommen, fehlt die Abschirmung. Die Strahlung kann dann auf die inneren Organe einwirken.	
Du musst das Substantiv in den richtigen Fall setzen!	
Diese Maßnahme dient der Regelung des Verdienstes.	
Feste Körper dehnen sich beim Erwärmen aus und ziehen sich beim Abkühlen zusammen.	

13.2 Fachspezifische bildungssprachliche Merkmale kennen

- **Finden Sie für die einzelnen Bereiche Beispiele aus Ihrem Unterricht. Wenn Ihnen nichts einfällt, werfen Sie einen Blick in ein Schulbuch.**

Wortebene	**Beispiele**
Komposita	
Nominalisierungen	
Adjektivierungen	
Verbalisierungen	
Partizipien I	
Partizipien II	
Fachwörter	
Satz/Textebene	**Beispiele**
„fachliche Redewendungen", Kollokationen	
Genitivattribute	
Partizipialkonstruktionen	
Pro-Formen	
unpersönliche Form, Passiv	
Präpositionalphrasen	
Satzklammern	
Verschachtelte Sätze	
Symbole	**Beispiele**
Fachsymbole, Abkürzungen, Zeichen, Formelzeichen	

13.3 Konkretisierungsraster zielführend erarbeiten können

- **Warum ist das dargestellte Konkretisierungsraster nicht zielführend ausgeführt?**
- **Wie müsste das Raster verändert werden, damit es zielführend ist?**

Klasse:		Thema:	Datum:
Aufgabenstellung		**Vergleiche die Bewegungsarten eines Vogels und einer Katze!**	
Sprachhandlung		aufzählen	
Ausformulierter Erwartungshorizont		Die Schülerinnen und Schüler sollen die wesentlichen Merkmale der Bewegung einer Katze und eines Vogels nennen.	
Sprachliche Mittel	Wortebene	Nomen, Verben, Adjektive	
	Satz- und Textebene	Ganze Sätze formulieren.	

Zielführende Veränderung und Begründung:

____

____

____

____

____

14. Ausblick

Die in diesem Band vorgestellten Methoden und exemplarischen Anwendungen sollen dazu dienen, die durchgängige Sprachbildung – also Sprachbildung in jedem Unterrichtsfach und in jeder Schulstufe – ein Stück weiter zu bringen. Um einen Unterricht gestalten zu können, der einerseits die deutsche Bildungssprache fördert und andererseits reflexiv in Bezug auf Diskriminierung und Differenzziehung ist, ist auf Seiten der Lehrenden eine Sprachbewusstheit erforderlich, die über linguistische und sprachdidaktische Kenntnisse hinausgeht. Dieser besonderen Anforderung haben wir versucht, mit diesem Band Rechnung zu tragen. Methoden wie die Schlüsselworttabelle, das Konkretisierungsraster oder der Planungsrahmen dienen der umfassenden Analyse der sprachlichen Anforderungen auf Unterrichtsseite sowie der Reflexion der eigenen Erwartungen. Sie sind in der Planungsphase von Unterricht zu verorten, ermöglichen auf systematisierte Weise eine sprachliche Bedarfsanalyse des Fachunterrichts und legen dar, welche Erwartungen, welche Sprachstrukturen und welches Vokabular mit den fachlichen Lernzielen verbunden sind.

Zwei Schritte sind im Anschluss an diese Analysen zu setzen, die im vorliegenden Band nicht behandelt werden konnten:

1. Eine in Bezug auf sprachliche Normen kritisch-reflexive Bedarfsanalyse auf Seiten der Lernenden: Darunter sind sprachdiagnostische Verfahren zu verstehen, welche Mehrsprachigkeit sinnvoll berücksichtigen und sich in ressourcenorientierter Weise am Bedarf der Schülerinnen und Schüler orientieren, der durch den Unterricht gedeckt werden soll. Dies leitet unmittelbar über zum nächsten Schritt:

2. Der Einsatz sinnvoller didaktischer Verfahren und Methoden im Unterricht: Darunter sind Maßnahmen zu verstehen, die dem fachlichen und sprachlichen Bildungsbedarf der Schülerinnen und Schüler bestmöglich entgegenkommen, Erwerbsphasen berücksichtigen und die Schülerinnen und Schüler in ihren individuellen Lernprozessen bestmöglich unterstützen. Welche Methode die geeignete ist, um die angestrebten Lerninhalte zu vermitteln, bedarf sprach- und fachdidaktischer Überlegungen. Ob sprachlich oder fachlich – in jedem Fall richtet sich die Methode nach dem, was gelernt werden soll und nicht umgekehrt. Die mit der Schlüsselworttabelle und dem Konkretisierungsraster identifizierten Erwartungen, die relevanten sprachlichen Mittel sind gewissermaßen die Lernziele, das Rohmaterial, welches mittels geeigneter sprach- und fachdidaktischer Methoden aufbereitet wird und Eingang in den Unterricht findet.

Die Verbesserung des Bildungszugangs für Schülerinnen und Schüler bedarf vieler Schritte auf unterschiedlichen Ebenen. Wir hoffen, dass mit diesem Band einige Schritte in diese Richtung gesetzt werden können.

15. Literatur

ACHILLES, Ilse/PIGHIN, Gerda (2008): Vernäht und zugeflixt: von Versprechern, Flüchen, Dialekten & Co. Mannheim: Duden.

AMMON, Ulrich (1995): Die deutsche Sprache in Deutschland, Österreich und der Schweiz. Das Problem der nationalen Varietäten. Berlin: de Gruyter.

AMMON, Ulrich (2014): Die Stellung der deutschen Sprache in der Welt. Berlin: de Gruyter.

AMMON, Ulrich/BICKEL, Hans/EBNER, Jakob [u.a.] (2004): Variantenwörterbuch des Deutschen. Die Standardsprache in Österreich, der Schweiz und Deutschland sowie in Liechtenstein, Luxemburg, Ostbelgien und Südtirol. Berlin: de Gruyter.

BASS (Bereinigte Amtliche Sammlung der Schulvorschriften NRW) (2009): Erlass „Unterricht für Schülerinnen und Schüler mit Zuwanderungsgeschichte, insbesondere im Bereich der Sprachen" vom 21. Dezember 2009, Nr. 3, 13–63. URL: https://www.schulministerium.nrw.de/docs/Recht/Schulrecht/Erlasse/Herkunftssprache.pdf [Zugriff am 01.10.2015].

BASSLER, Harald/SPIEKERMANN, Helmut (2001): Dialekt und Standard im DaF-Unterricht. Wie Schüler urteilen – wie Lehrer urteilen. In: linguistik online 9, 2/01. URL: http://www.linguistik-online.de/9_01/Bassler-Spiekermann.html [Zugriff am 07.02.2017].

BELKE, Gerlind (2012): Mehr Sprache(n) für alle. Sprachunterricht in einer vielsprachigen Gesellschaft. Baltmannsweiler: Schneider Verlag Hohengehren.

BENHOLZ, Claudia/FRANK, Magnus/NIEDERHAUS, Constanze (Hrsg.) (2016): Neu zugewanderte Schülerinnen und Schüler – eine Gruppe mit besonderen Potentialen. Beiträge aus Forschung und Schulpraxis. Münster: Waxmann.

BERNSTEIN, Basil (1971): Class, codes and control, Volume I: Theoretical studies towards a sociology of language. London: Routledge.

BERNSTEIN, Basil (1999): Vertical and Horizontal Discourse: an essay. In: British Journal of Sociology of Education, 20/2, S. 157–173.

BERTHELE, Raphael/MÜLLER, Martin/WERTENSCHLAG, Lukas (2009): Chunsch druus? Schweizerdeutsch verstehen – die Deutschschweiz verstehen. Bern: Schulverlag.

BLEYHL, Werner (2009): „Sündhafte" Verstöße. Über den Umgang mit Fehlern. Praxis Englisch 3, S. 4–5.

BÖKER, Christian/FREILING-FISCHER, Elke/HARM, Andreas/LANG, Manfred/RANIERI, Alexandra/SCHINK, Juliane/TAJMEL, Tanja/WAGNER, Wilfried (2013): Fachwerk Chemie. Nordrhein-Westfalen, Band 1, 7./8. Schuljahr. Berlin: Cornelsen.

BÖSCHEL, Claudia/GIERSBERG, Dagmar/GIERSBERG, Sara (2010): Ja genau! Deutsch als Fremdsprache. Kurs- und Übungsbuch A1 Band 2. Berlin: Cornelsen.

BÖSCHEL, Claudia/GIERSBERG, Dagmar/HÄGI, Sara (2010): Ja genau! Deutsch als Fremdsprache. Handreichungen für den Unterricht. A1. Berlin: Cornelsen.

BOURDIEU, Pierre (1991): Language and symbolic power. Cambridge: Harvard University Press.

BOVERMANN, Monika/PENNING, Sylvette/SPECHT, Franz/WAGNER, Daniela (2006): Schritte 1. Kurs- und Arbeitsbuch. Ismaning: Hueber.

BRINITZER, Michaela/DAMM, Verena (1999): Grammatik sehen – Arbeitsbuch für Deutsch als Fremdsprache. Ismaning: Hueber.

BRINITZER, Michaela/DAMM, Verena (2000): Grammatik sehen. Lehrerhandreichungen. URL: http://www.hueber.de/sixcms/media.php/36/Grammatik%20sehen.pdf [Zugriff am 16.01.2017].

BUNČIĆ, Daniel (2008): Die (Re-)Nationalisierung der serbokroatischen Standards. In: KEMPGEN, Sebastian/GUTSCHMIDT, Karl/JEKUTSCH, Ulrike/UDOLPH, Ludger (Hrsg.): Deutsche Beiträge zum 14. Internationalen Slavistenkongress, Ohrid 2008. München (Die Welt der Slaven, Sammelbände/Sborniki 32), S. 89–102.

BUSCH, Brigitta (2013): Mehrsprachigkeit. Wien: Facultas/UTB.

BUSSMANN, Hadumod (2008): Lexikon der Sprachwissenschaft. Stuttgart: Kröner.

CUMMINS, Jim (2004): BICS and CALP. In: BYRAM, Michael (Hrsg.): Routledge Encyclopedia of Language Teaching and Learning. London/New York: Routledge, S. 76–79.

DIEHL, Erika/CHRISTEN, Helen/LEUENBERGER, Sandra/PELVAT, Isabelle/STUDER, Thérèse (2000): Grammatikunterricht, alles für der Katz? Untersuchungen zum Zweitspracherwerb Deutsch. Tübingen: Niemeyer.

DIRIM, İnci/AUER, Peter (2004): Türkisch sprechen nicht nur die Türken. Über die Unschärfebeziehung zwischen Sprache und Ethnie in Deutschland. Berlin: de Gruyter.

DÖLL, Marion (2009): Beobachtung und Dokumentation von Kompetenz und Kompetenzzuwachs im Deutschen als Zweitsprache mit den Niveaubeschreibungen DaZ. In: LENGYEL, Drorit/REICH, Hans H./ROTH, Hans-Joachim/DÖLL, Marion (Hrsg.): Von der Sprachdiagnose zur Sprachförderung. FÖRMIG Edition Band 5. Münster: Waxmann, S. 109–114.

DÖLL, Marion (2012): Beobachtung der Aneignung des Deutschen bei mehrsprachigen Kindern und Jugendlichen. Modellierung und Prüfung eines sprachdiagnostischen Beobachtungsverfahrens. Münster: Waxmann.

DÖLL, Marion/HÄGI, Sara/AIGNER, Maximilian (2012): Diagnosegestützte Sprachförderung in der Sekundarstufe: Profilanalyse und generatives Schreiben mit Slampoetry. In: ÖDaF-Mitteilungen 2/2012, S. 115–129.

DÖLL, Marion/HÄGI-MEAD, Sara/SETTINIERI, Julia (2017): „Ob ich mich auf eine sprachlich heterogene Klasse vorbereitet fühle? — Etwas!"— Studentische Perspektiven auf DaZ und das DaZ-Modul (StupaDaZ) an der Universität Paderborn. In: BECKER-MROTZEK, Michael/ROSENBERG, Peter/SCHROEDER, Christoph/WITTE, Annika (Hrsg.): DaZ in der Lehrerbildung – Modelle und Handlungsfelder. Münster: Waxmann, S. 203–215.

DRUMM, Sandra (2010): Die Sprachbewusstheit von schulischen Lehrkräften der naturwissenschaftlichen Fächer. Masterarbeit, TU Darmstadt.

DRUMM, Sandra (2016): Sprachbildung im Biologieunterricht. Berlin: de Gruyter.

EHLICH, Konrad (2007): Sprache und sprachliches Handeln. Band 3. Diskurs – Narration – Text – Schrift. Berlin: de Gruyter.

ELLIS, Elizabeth (2012): Language awareness and its relevance to TESOL. In: University of Sydney Papers in TESOL, 7, S. 1–23.

FAIRCLOUGH, Norman (1992): Critical Language Awareness. London: Longman.

FEILKE, Helmuth (2009): Wörter und Wendungen: kennen, lernen, können. In: Praxis Deutsch, 218, S. 4–13.

FRENZEL, Beate (2016): „Morgen konnte ich nicht Schule zu besuchen, weil ich ein schlechtes Brief bekomm.“ Über die besonderen Herausforderungen unbegleiteter minderjähriger Flüchtlinge und ihrer Lehrerinnen und Lehrer. In: BENHOLZ, Claudia/FRANK, Magnus/NIEDERHAUS, Constanze (Hrsg.) (2016): Neu zugewanderte Schülerinnen und Schüler – eine Gruppe mit besonderen Potentialen. Beiträge aus Forschung und Schulpraxis. Münster: Waxmann, S. 19–28.

FRÖHLICH, Lisanne/DÖLL, Marion/DIRIM, İnci (2014): Unterrichtsbegleitende Sprachstandsbeobachtung Deutsch als Zweitsprache (USB DaZ). Wien: Bundesministerium für Bildung und Frauen.

FÜRSTENAU, Sara (2007): Bildungsstandards im Kontext ethnischer Heterogenität. Erfahrungen aus England und Perspektiven in Deutschland. In: Zeitschrift für Pädagogik, 53/1, S. 16–33.

FÜRSTENAU, Sara/NIEDRIG, Heike (2011): Mehrsprachigkeit und Partizipation im Kontext transnationaler Migration. URL: https://heimatkunde.boell.de/2011/05/18/mehrsprachigkeit-und-partizipation-im-kontext-transnationaler-migration. [Zugriff am 20.02.2016].

GIBBONS, Pauline (2002): Scaffolding language, scaffolding learning. Teaching second language learners in the mainstream classroom. Portsmouth, NH: Heinemann

GIRGENSOHN, Kathrin/SENNEWALD, Nadja (2012): Schreiben lehren, Schreiben lernen: Eine Einführung. Darmstadt: Wissenschaftliche Buchgesellschaft.

GOGOLIN, Ingrid (1994): Der monolinguale Habitus der multilingualen Schule. Münster: Waxmann.

GOGOLIN, Ingrid (2005): Erziehungsziel Mehrsprachigkeit. In: RÖHNER, Charlotte (Hrsg.): Erziehungsziel Mehrsprachigkeit. Diagnose von Sprachentwicklung und Förderung von Deutsch als Zweitsprache. Weinheim: Juventa, S. 13–24.

GOGOLIN, Ingrid/DIRIM, İnci/KLINGER, Thorsten/LANGE, Imke/LENGYEL, Drorit/MICHEL, Ute/NEUMANN, Ursula/REICH, Hans H./ROTH, Hans-Joachim/SCHWIPPERT, Knut (2011): Förderung von Kindern und Jugendlichen mit Migrationshintergrund FÖRMIG. Bilanz und Perspektiven eines Modellprogramms (= FÖRMIG Edition Band 7). Münster: Waxmann.

GOGOLIN, Ingrid/LANGE, Imke (2011): Bildungssprache und durchgängige Sprachbildung. In: FÜRSTENAU, Sara/GOMOLLA, Mechtild (Hrsg.): Migration und schulischer Wandel, Wiesbaden: VS Verlag, S. 107–127.

GOGOLIN, Ingrid/LANGE, Imke/HAWIGHORST, Britta/BAINSKI, Christiane/HEINTZE, Andreas/RUTTEN, Sabine/SAALMANN, Wiebke (2011): Durchgängig Sprachbildung. Qualitätsmerkmale für den Unterricht. Münster: Waxmann.

HÄGI, Sara (2006): Nationale Varietäten im Unterricht Deutsch als Fremdsprache (= Duisburger Arbeiten zur Sprach- und Kulturwissenschaft 64). Frankfurt/M. u.a.: Lang.

HÄGI, Sara (2007): Bitte mit Rahm/Sahne/Schlag: Plurizentrik im Deutschunterricht. In: Fremdsprache Deutsch 37, S. 5–13.

HÄGI, Sara (2014a): Eintüten (D) und schubladisieren (A, CH)? Ein Varianten-Sortiervorschlag für konstruktive Begegnungen mit der Plurizentrik im Deutschunterricht. In: FELD-KNAPP, Ilona (Hrsg.): Mehrsprachigkeit (= Cathedra Magistrorum. CM-Beiträge zur Lehrerforschung, Bd. II). Budapest: ELTE Eötvös-József-Collegium, S. 81–96. URL: http://honlap.eotvos.elte.hu/uploads/documents/kiadvanyok/CM2.pdf [Zugriff am 16.01.2017].

HÄGI, Sara (2014b): Eine Tüte voller Leckerbissen. Feinheiten der deutschen Sprache aus plurizentrischer Sicht. In: ide 3/2014, S. 69–77.

HÄGI, Sara (2015): Die standardsprachliche Variation des Deutschen als sprachenpolitisch-didaktisches Problem. In: LENZ, Alexandra N./GLAUNINGER, Manfred (Hrsg.): Standarddeutsch im 21. Jahrhundert – Theoretische und empirische Aspekte mit einem Fokus auf Österreich (= Wiener Arbeiten zur Linguistik 1). Wien: Vienna university press, S. 109–135.

HÄGI, Sara (2016): „Professionell zur Sache. Bewährte Ansätze aus der Didaktik von Deutsch als Fremd- und Zweitsprache für den Unterricht mit neuzugewanderten Schülerinnen und Schülern". In: BENHOLZ, Claudia/FRANK, Magnus/NIEDERHAUS, Constanze (Hrsg.): Neuzugewanderte Schülerinnen und Schüler – eine Gruppe mit besonderen Potenzialen. Beiträge aus Forschung und Schulpraxis. Münster: Waxmann, S. 299–319.

HÄGI, Sara/SCHARLOTH, Joachim (2005): Ist Standarddeutsch für Deutschschweizer eine Fremdsprache? Untersuchungen zu einem Topos des sprachreflexiven Diskurs. In: linguistik online 24 3/05, S. 19–47. URL: http://www.linguistik-online.de/24_05/haegiScharloth.html [Zugriff am 16.01.2017].

HÄGI, Sara/TOPALOVIĆ, Elvira (2010): Klammerstrukturen im Deutschunterricht. Ansätze zu einer integrativen Grammatikdidaktik. In: ide 2/2010, S. 94–103.

HANDWERKER, Brigitte/MADLENER, Karin (2009): Chunks für DaF: Theoretischer Hintergrund und Prototyp einer multimedialen Lernumgebung (incl. DVD) (Perspektiven Deutsch als Fremdsprache). Baltmannsweiler: Schneider Verlag Hohengehren.

HAWKINS, Eric (1987): Awareness of Language: An Introduction. Cambridge: University Press.

HELBIG, Gerhard/BUSCHA, Joachim (2001): Deutsche Grammatik. Ein Handbuch für den Ausländerunterricht. Berlin: Langenscheidt.

HINNENKAMP, Volker (2010): Vom Umgang mit Mehrsprachigkeiten. In: APUZ 8/2010, S. 27–32. URL: http://www.bpb.de/apuz/32944/sprache [Zugriff am 16.01.2017].

JAMES, Carl/GARRETT, Peter (1991): Language Awareness in the Classroom. Harlow: Longman.

JEUK, Stefan (2013): Deutsch als Zweitsprache in der Schule. Grundlagen – Diagnose – Förderung. Stuttgart: Kohlhammer.

KHAKPOUR; Natascha (2016): Zugehörigkeitskonstruktionen im Kontext von Schulbesuch und Seiteneinstieg. In: BENHOLZ, Claudia/FRANK, Magnus/NIEDERHAUS, Constanze (Hrsg.): Neu zugewanderte Schülerinnen und Schüler – eine Gruppe mit besonderen Potentialen. Münster: Waxmann, S. 151–170.

KLANN-DELIUS, Gisela (2008): Spracherwerb. Stuttgart: Metzler.

KLEPPIN, Karin (1998): Fehler und Fehlerkorrektur. Berlin: Langenscheidt.

KLOSS, Heinz (1987): Die Entwicklung neuer germanischer Kultursprachen seit 1800. Düsseldorf: Schwann.

KMK (Kultusministerkonferenz) (2005): Bildungsstandards im Fach Physik für den Mittleren Schulabschluss (Jahrgangsstufe 10). Beschlüsse der Kultusministerkonferenz. München: Luchterhand.

KMK (Kultusministerkonferenz) (2013): Operatorenliste Naturwissenschaften (Physik, Biologie, Chemie). URL: http://www.kmk.org/fileadmin/pdf/Bildung/Auslandsschulwesen/Kerncurriculum/Operatoren_Ph_Ch_Bio_Februar_2013.pdf [Zugriff am 15.01.2016].

KOCH, Peter/OESTERREICHER, Wulf (1985): Sprache der Nähe – Sprache der Distanz. Mündlichkeit und Schriftlichkeit im Spannungsfeld von Sprachtheorie und Sprachgegeschichte. In: Romanistisches Jahrbuch, 36, S. 15–43.

KRASHEN, Stephen (2009): The Cormprehension Hypothesis Extenden. In: PHISKE, Thorsten/YOUNG-SCHOLTEN, Martha (Hrsg.): Input Matters in SLA. Bristol: Multilingual Matters, S. 81–94.

LIEBERS, Klaus/MIKELSKIS, Helmut F./OTTO, Rolf/SCHÖN, Lutz-Helmut/WILKE, Hans-Joachim/SCHÜLBE, Rüdiger/ZAHRADNIK, Günter (2000): Physik plus. Gymnasium Klassen 7 und 8. Berlin: Cornelsen Volk und Wissen.

MAURER, Ernst/NIELSEN, Moni/ZÜGER, Doris (2002): Deutsch in der Schweiz. Ein Sprachkurs für Erwachsene und Jugendliche. Handbuch. Zug: Klett und Balmer.

MCWILLIAM, Norah (2000): What's in a Word? Vocabulary development in multilingual classrooms. London: Trentham.

MERZYN, Gottfried (1998): Fachbestimmte Lernwege zur Förderung der Sprachkompetenz. URL: www.schulentwicklung.nrw.de/cms/upload/sprachsensibler_FU/Fachbestimmte_Lernwege_zur_Foerderung_der_Sprachkompetenz_Naturwissenschaften_Mercyn.pdf [Zugriff am 07.02.2017].

NEEF, Martin (1998): Elemente einer deklarativen Wortgrammatik (= KLAGE 32). Hürth: Gabel.

NEUGEBAUER, Claudia/NODARI, Claudio (2012): Förderung der Schulsprache in allen Fächern. Praxisvorschläge für Schulen in einem mehrsprachigen Umfeld. Bern: Schulverlag.

NIEDRIG, Heike (2002): Bildungsinstitutionen im Spiegel der sprachlichen Ressourcen von afrikanischen Flüchtlingsjugendlichen. URL: http://www.themenpool-migration.eu/download/dorigi02.pdf [Zugriff am 20.02.2016].

NODARI, Claudio/STEINMANN, Cornelia (2008): Fachdingsda – Fächerorientierter Grundwortschatz für das 5.–9. Schuljahr. Buchs: Lehrmittelverlag Kanton Aargau (mit CD-ROM).

QUEHL, Thomas (2009): Sprachbildung im Sachunterricht der Grundschule. In: LENGYEL, Drorit/REICH, Hans H./ROTH, Hans-Joachim/DÖLL, Marion (Hrsg.): Von der Sprachdiagnose zur Sprachförderung (= FÖRMIG Edition Band 5). Münster: Waxmann, S. 193–205.

QUEHL, Thomas/TRAPP, Ulrike (2013): Sprachbildung im Sachunterricht der Grundschule. Mit dem Scaffolding-Konzept unterwegs zur Bildungssprache (= FÖRMIG Material Band 4). Münster: Waxmann.

QUEHL, Thomas/TRAPP, Ulrike (2015): Wege zur Bildungssprache im Sachunterricht. Sprachbildung in der Grundschule auf der Basis von Planungsrahmen. Münster: Waxmann.

REICH, Hans H. (2011): Prozessbegleitende Diagnose schriftsprachlicher Fähigkeiten auf der Sekundarstufe I. URL: http://www.bamf.de/SharedDocs/Anlagen/DE/Downloads/Infothek/Themendossiers/Dialogforum-7/dialogforum-7-lernerfolge-2011-diagnose-schriftsprache.pdf?__blob=publicationFile [Zugriff am 08.01.2017].

RIEBLING, Linda (2013): Die Heuristik der Bildungssprache. In: GOGOLIN, Ingrid/LANGE, Imke/MICHEL, Ute/REICH, Hans H. (Hrsg.): Herausforderung Bildungssprache – und wie man sie meistert (= FÖRMIG Edition, Band 9). Münster: Waxmann, S. 106–153.

RÖSCH, Heidi (2017): Literaturunterricht und sprachliche Bildung. In: LÜTKE, Beate/PETERSEN, Inger/TAJMEL, Tanja (Hrsg.): Fachintegrierte Sprachbildung: Forschung, Theoriebildung und Konzepte für die Unterrichtspraxis (im Druck). Berlin: de Gruyter.

SCHADER, Basil (2011): Deine Sprache – meine Sprache. Handbuch zu 14 Migrationssprachen und zu Deutsch. Für Lehrpersonen an mehrsprachigen Klassen und für den DaZ-Unterricht. Zürich: Lehrmittelverlag des Kantons Zürich.

SCHADER, Basil (2012): Sprachenvielfalt als Chance. Das Handbuch. Hintergründe und 101 praktische Vorschläge für den Unterricht in mehrsprachigen Klassen. Zürich: Orell Füssli.

SCHMIDLIN, Regula (2011): Die Vielfalt des Deutschen: Standard und Variation. Gebrauch, Einschätzung und Kodifizierung einer plurizentrischen Sprache (= Studia Linguistica Germanica Band 106). Berlin: de Gruyter.

SCHRÖDER, Konrad (2010). Fehler. In: Surkamp, Carola (Hrsg.): Metzler Lexikon Fremdsprachendidaktik. Ansätze – Methoden – Grundbegriffe. Stuttgart: Metzler, S. 55–59.

SLOAN, John Peter (2016): Instant Grammar English. Stuttgart: Pons.

SOMANI, Narmin/MOBBS, Michael (1997): Using Pauline Gibbons Planning Framework: Examples of Practice. In: NALDIC News 13. Nov. 1997. URL: https://www.naldic.org.uk/Resources/NALDIC/Teaching%20and%20Learning/Documents/Using_Gibbons_Framework.pdf [Zugriff am 08.01.2017].

SPITTA, Gudrun (2000): Sind Sprachbewusstheit und Sprachbewusstsein dasselbe? oder Gedanken zu einer vernachlässigten Differenzierung. In: Deutschdidaktische Perspektiven. Eine Schriftenreihe des Studiengangs Primarstufe an der Universität Bremen im Fachbereich 12: Bildungs- und Erziehungswissenschaften.

SPRINGSITS, Birgit (2015): „Nein, das kann nur die Muttersprache sein." Spracherwerbsmythen und Linguizismus. In: THOMA, Nadja/KNAPPIK, Magdalena (Hrsg.): Sprache und Bildung in Migrationsgesellschaften. Bielefeld: transcript, S. 89–108.

STEINMANN, Cornelia (2006): Eselsbrücken Präpositionen. URL: http://cornelia.siteware.ch/blog/wordpress/2006/03/27/eselsbrucken-prapositionen [Zugriff am 07.02.2017].

TAJMEL, Tanja (2009a): Does Migration Background Matter? Preparing Teachers for Cultural and Linguistic Diversity in the Science Classroom. In: TAJMEL, Tanja/STARL, Klaus (Hrsg.): Science Education Unlimited. Approaches to Equal Opportunities in Learning Science. Münster: Waxmann, S. 201–214.

TAJMEL, Tanja (2009b): Bildungssprache in den mathematisch-naturwissenschaftlichen Fächern, in: Dokumentation zur Fachtagung „Bilanz und Perspektiven von FÖRMIG Sachsen", 10.09.2009 in Dresden. Radebeul: Sächsisches Bildungsinstitut.

TAJMEL, Tanja (2011a): Sprachliche Lernziele des naturwissenschaftlichen Unterrichts. URL: https://www.uni-due.de/imperia/md/content/prodaz/sprachliche_lernziele_tajmel.pdf [Zugriff am 08.01.2017].

TAJMEL, Tanja (2011b): Wortschatzarbeit im mathematisch-naturwissenschaftlichen Unterricht. In: „Wort.Schatz", ide. informationen zur deutschdidaktik, Bd. 1. Innsbruck: Studienverlag.

TAJMEL, Tanja (2012): Wie sprachsensibler Unterricht vorbereitet werden kann. In: Praxisbaustein Deutsch als Zweitsprache 2: Bildungssprache und sprachsensibler Fachunterricht. Regionale Arbeitsstelle für Bildung, Integration und Demokratie (RAA) Mecklenburg-Vorpommern e. V., S. 12–33 URL: http://www.daz-mv.de/fileadmin/team/Materialien/Planungsrahmen_und_Beispiel.pdf [Zugriff am: 09.02.2017].

TAJMEL, Tanja (2013): Bildungssprache im Fach Physik. In: GOGOLIN, Ingrid/ LANGE, Imke/MICHEL, Ute/REICH, Hans H. (Hrsg.): Herausforderung Bildungssprache – und wie man sie meistert, FÖRMIG Edition, Bd. 9. Münster: Waxmann, S. 239–256.

TAJMEL, Tanja (2017a): Naturwissenschaftliche Bildung in der Migrationsgesellschaft. Grundzüge einer Reflexiven Physikdidaktik und kritisch-sprachbewussten Praxis. Wiesbaden: Springer VS.

TAJMEL, Tanja (2017b): Eröffnungsvortrag zur Auftaktveranstaltung „Willkommen in der Regelklasse", gehalten am 24.01.2017, ZES Zentrum für Sprachbildung, SenBJW Berlin.

TAJMEL, Tanja/NEUWIRTH, Johannes/HOLTSCHKE, Jörg/RÖSCH, Heidi/SCHÖN, Lutz-Helmut (2009): Schwimmen-Sinken. Sprachförderung im Physikunterricht. Unterrichtsmodule für Klassenstufe 5–8 (Floating-Sinking. Teaching Content and Language. Teachingmodules for Grade 5–8) (CD-ROM). In: TAJMEL, Tanja/STARL, Klaus (Hrsg.): Science Education Unlimited. Approaches to Equal Opportunities in Learning Science. Münster: Waxmann.

TOMASZEWSKI, Andreas/RUG, Wolfgang (1999): Meine liebsten Fehler. Ausgangssprache Englisch. Stuttgart: Klett.

TOPALOVIĆ, Elvira/DÜNSCHEDE, Susanne/DROSTE, Pepe (2015): Grammatik. Studikurs im Bereich Sprach- und Textverständnis. Online unter: „Studifinder. Das Service-Portal der Hochschulen in Nordrhein-Westfalen." URL: www.studifinder.de [Zugriff am 15.01.2016].

TRACY, Rosemarie (2008): Wie Kinder Sprachen lernen. Und wie wir sie dabei unterstützen können. Tübingen: Francke.

TRAUTMANN, Caroline (2008): Pragmatische Basisqualifikationen I und II. In: EHLICH, Konrad/BREDEL, Ursula/REICH, Hans H. (Hrsg.): Referenzrahmen zur altersspezifischen Sprachaneignung – Forschungsgrundlagen., Bildungsforschung, Bd. 29/II. Bonn: Bundesministerium für Bildung und Forschung (BMBF), S. 31–50.

TRIM, John/NORTH, Brian/COSTE, Daniel (2013): Gemeinsamer europäischer Referenzrahmen für Sprachen: lernen, lehren, beurteilen. München: Klett-Langenscheidt.

TWAIN, Mark: Gesammelte Werke in zehn Bänden. Ausgewählt und zusammengestellt von Norbert Kohl. Band 4: Bummel durch Europa. Deutsch von Gustav Adolf Himmel. Frankfurt am Main (Insel) 1985. Nachzulesen auch unter http://www.alvit.de/vf/de/mark-twain-die-schreckliche-deutsche-sprache.php [Zugriff am 16.07.2016].

VYGOTSKIJ, Lev (2002): Denken und Sprechen. Weinheim: Beltz.

WEGENER, Heide (1999): „Die Pluralbildung im Deutschen – ein Versuch im Rahmen der Optimalitätstheorie". Linguistik online 4, 3/1999.

WOLFF, Dieter (2010): Spracherwerb und Sprachbewusstheit: Sind mehrsprachige Menschen bessere Sprachenlerner? In: Cuadernos de Filología Alemana, 2, S. 177–190.

Anhang

Lösungen zu den Quizfragen (QF)

QF 1

a) Schätzungen zufolge gibt es ca. 5 000–6 000 Sprachen weltweit.

b) Es gibt 193 Staaten, die Mitglieder der Vereinigten Nationen (UNO) sind. Zählt man weitere Staaten mit entweder umstrittener Staatseigenschaft oder solche, die sich in freier Assoziierung zu anderen Staaten befinden dazu, ist man bei ca. 200 Staaten.

QF 2

550 Wörter: Schuleingangsphase (f)

2 000 Wörter: In der 4. Klasse (d)

15 000 Wörter: Hermann Hesse (c)

80 000 Wörter: Johann Wolfgang von Goethe (e)

135 000 Wörter: (Rechtschreib-)Duden (a)

400 000 Wörter: Deutsche Sprache (b)

QF 3

Inhaltswörter/Autosemantika: *Definition*: Bedeutung tragend. *Beispielwörter*: kennenlernen, Zug, berühmt, Filmstar, lesen, Zeitung, Speisewagen, setzen, Tisch, gestern. *Wortarten*: Substantive, Verben, Adjektive, Adverbien.

Funktionswörter/Synsemantika: *Definition*: keine eigene Bedeutung tragend. *Beispielwörter*: der, im, ein, und sie, sich, mir, an, den. *Wortarten*: Artikel, Konjunktionen, Subjunktionen, Pronomen.

QF 4

Ab 3,5 Jahren sind im Erstspracherwerb die grammatischen Grundstrukturen bereits gefestigt.

QF 5 (Die Grammatik wird bei Versprechern zuverlässig angepasst.)

a) Ich gebe mir **keine** Mühe mehr, über Witze nachzudenken.

b) Das ist ja ein ganz **dicker** Hund.

c) Tschüss und Danke fürs Mitnehmen.

QF 6

a) Pluralmarker am Nomen: -(e)n, -(e), -¨(e), -¨er, -s; Artikel als Pluralmarker (vgl. *der, das* > *die*)

b) Pluralmarker in anderen Sprachen: engl. -s und unregelmäßige Bildungen (vgl. *foot – feet*); türk. -ler/lar …

QF 7

a) Bei Namen greift der s-Pluralmarker, der die Silbenstruktur nicht verändert.
b) Bei Feminina funktioniert der Artikel als Pluralmarker nicht, deswegen müssen sie, im Unterschied zu Maskulina und Neutra, den Plural am Nomen markieren.

QF 8

a) Irgendwo in Deutschland.
b) Irgendwo in der Schweiz.
c) Irgendwo, nur (noch) nicht in Deutschland.
d) Irgendwo, nur (noch) nicht in der Schweiz.

QF 9

a) Diese Ländernamen werden ohne Artikel bzw. mit dem Nullartikel verwendet, deswegen ist hier auf die Frage wohin? die Präposition nach korrekt (genauso bei Städtenamen oder Himmelsrichtungen).
b) Diese Ländernamen werden mit dem bestimmten Artikel verwendet, deswegen ist hier auf die Frage *wohin?* die Präposition *in* korrekt.

QF 10

Wenn Sie alle Wörter bei QF12 kennen, kennen Sie deutlich mehr als 9 Wörter, die im Türkischen verwendet werden.

QF 11 (Deutsches und türkisches Alphabet im Vergleich)

a) Nur im Deutschen: q, w, x, ß, ä
b) Nur im Türkischen: j, ş, ç, s, z, y, c, ğ, ı
c) Unterschiedliche Aussprache: (j, s, z, y, c, vgl. türk. *rejisör, sezon, aysberg, Recep*)

QF 12

Taxi, Regisseur, Showman, Cha-Cha-Cha, Boxer, Saison, T-Shirt, Eisberg, Schalter, fertig.

QF 13

Das erste i in sch**i**limm, ...

QF 14

Typische Interferenzen sind beispielsweise eine s- statt th-Aussprache im Englischen oder eine „abgehackte“ Aussprache durch Knacklaut-Einsatz in Sprachen, die keinen so genannten Glottisschlag (glottal stop) kennen, wenn zwei Vokale aufeinandertreffen. Letzteres ist bereits ein Charakteristikum, das deutsche von Deutschschweizer Sprechenden unterscheidet, vgl. Be'amte, The'ater, 'Anna 'aß 'ein 'Ei (D) vs. Be‿amte, The‿ater, Anna‿ass‿ein‿Ei (CH) vs. engl. Anna‿ate‿an‿egg.

QF 15

Im Deutschen gibt es 3 Genera, den bestimmten (der, das, die), unbestimmten (ein, ein, eine) und den so genannten Nullartikel.

QF 16

In agglutinierenden Sprachen wird jede grammatische Funktion durch genau einen Affix (Suffix) markiert. Agglutinierende Sprachen (z.B. Baskisch, Japanisch, Türkisch, Finnisch, Esthnis, Ungarisch) neigen zu einer großen Regularität und entsprechend wenig Ausnahmen.
Bsp. Türk. *ev* ‚Haus', *evler* ‚Häuser', *evlerim* ‚meine Häuser', *evlerimde* ‚in meinen Häusern'.

QF 17

Wechselpräpositionen (an, auf, hinter, in, neben, über, unter, vor, zwischen) verlangen auf die Frage *wo?* den Dativ, auf die Frage *wohin?* den Akkusativ.

QF 18

a) Ich **hole** dich später, gegen Abend, vom Bahnhof **ab**. (Vollverb + Präfix [trennbares Verb])

b) Was soll ich anziehen? **Das** rote, recht verwaschen **Kleid** oder doch lieber **einen** flotten, pinkfarbenen **Rock**? (Artikel + Nomen)

c) **Wird** dein Zug diesmal pünktlich **eintreffen**? (Hilfsverb + Infinitiv)

d) Das letzte Mal **hatte** er über eine Viertelstunde **Verspätung**, (Funktionsverbgefüge)
und ich **musste** im Regen und in der Kälte **warten** (Hilfsverb + Infitiv) und **habe** natürlich fürchterlich **gefroren** und **geschimpft**. (Hilfsverb + Partizip)

e) Ja, die deutsche Bahn, **die** einen immer wieder durch ihre Unpünktlichkeit **verärgern kann**. (Relativpronomen + Verbalgruppe in Endstellung)

QF 19

a) Endung auf -t (abgeholt, gehabt, gewartet, geschimpft, ... bei schwachen Verben), Endung auf -en (angezogen, eingetroffen, gefroren, ... bei starken Verben); Vorsilbe ge- (gehabt, gewartet, geschimpft, ... bei Verben ohne Vorsilbe) bzw. eingeschobenes -ge- (abgeholt, angezogen, eingetroffen, ... bei trennbaren Verben).

b) Hilfsverb haben (abgeholt, angezogen, gehabt, gewartet, gefroren, geschimpft, ... bei fast allen Verben); Hilfsverb sein (eingetroffen, ... bei Verben der Bewegung und Zustandsveränderung).

QF 20

a) Schüler während eines Versuchs, den sie in Gruppenarbeit durchführen, in der Schule.

b) Batikan: *Mach das ein bisschen auf.* [...]

Bilal: *Wir machen jetzt Essig da rein.*

Kevin: *Da hättste so machen müssen.*

Bilal: *Können wir den Essig haben? Danke.*

Murat: *Bis zwei Zentimeter, sag stopp!*

Kevin: *Bei zweihundert musst du messen.*

Bilal: *Hier, hier!*

c) Die Sprechenden sind zur gleichen Zeit im gleichen Raum und im gleichen Setting. Sie verstehen sich, weil sie den Kontext auch nonverbal erkennen und zeigen können.

Kopiervorlagen

- **Fehlersortiertabelle**
- **Planungsrahmen**
- **Konkretisierungsraster**
- **Schlüsselworttabelle**

Fehlersortiertabelle

Wow!	**Ups ...!**	**Oh ...!**	**Keine Chance ...!**
richtig (gut)!	grundsätzlich vermeidbare Fehler, Flüchtigkeitsfehler	falsch hergeleitet, falsch abgespeichert, falsch gelernt	(noch) ganz unbekannt

Planungsrahmen

Klasse Thema	Aktivitäten und Sprachhandlungen	Sprachstrukturen	Vokabular
	ALLGEMEIN:		
	HÖREN:		
	SPRECHEN:		
	LESEN:		
	SCHREIBEN:		

Konkretisierungsraster

Klasse:		Thema:	Datum:
Aufgabenstellung			
Operator Sprach-handlung			
Ausformulierter Erwartungshorizont			
Sprachliche Mittel	Wortebene		
	Satz- und Textebene		

Schlüsselworttabelle

Schlüsselwort	
Assoziationen	
In anderen Sprachen	
Bedeutung/Verwendung im **alltäglichen** Kontext	
Bedeutung/Verwendung im **fachlichen** Kontext	
Kollokationen (*Gleichung aufstellen*), Kombinationen	
Verwendung mit Präpositionen (*parallel* ***zu*** *einer Seite*)	
Synonyme; Paraphrasen	
Antonyme (*leicht – schwer*)	
Homonyme (*Bank – Bank*)	
Oberbegriff	
Reime, Witze, Redewendungen, Sprichwörter	
Wortbildungen, Komposita, Affixe (*an-, ge-, -ung, -keit, …*)	
Wörter, die ähnlich aussehen bzw. ähnlich klingen	
Etymologie	
Weitere Notizen	

Glossar

Adjektiv

Auch Beiwort oder Eigenschaftswort genannt, beschreibt ein A. ein Substantiv, vgl. *ein **runder** Tisch*.

Adjektivierung

A. bezeichnet Adjektive, die aus anderen Wortarten abgeleitet sind, z.B. aus Nomen (*bodenlos*) oder Verben (*fahrbar*). Die Zahl der > Suffixe zur A. ist umfangreich (vgl. *en, -er, -fach, -ig, -isch, -lich, -mäßig, -sam*).

Adverb

A. bedeutet wörtlich ‚beim Verb' und beschreibt eine Handlung oder Eigenschaften, vgl. ***deutlich** sprechen, eine **sehr** interessierte Schülerin*.

allochthon, s. autochthon

Alltagssprache

A. bezeichnet vor allem den mündlichen, spontanen Sprachgebrauch von Personen, die sich zur gleichen Zeit im gleichen (auch virtuellen) Raum befinden. Diese Situierung ermöglicht eine Kommunikation auch in „unvollständigen Sätzen" oder allgemeiner, unspezifischer Lexik (z.B. Dings), auch dadurch, dass z.B. auf Gegenstände gezeigt oder die Mimik als Kommunikationsmittel mit eingesetzt werden kann.

Amtlich deutschsprachiger Raum

Die Bezeichnung mag zwar etwas umständlich klingen, macht aber deutlich, dass der so genannte deutschsprachige Raum oder die so genannt deutschsprachigen Länder nur amtlich deutschsprachig sind. Darüber hinaus sind sie von einer gelebten inneren und äußeren Mehrsprachigkeit geprägt. Die Klarstellung durch den Zusatz *amtlich* will dem > monolingualen Habitus entgegenwirken.

Antonym

Das Gegenteil, die gegenteilige Bedeutung (z.B. *hell* vs. *dunkel*). Das Gegenteil von A. ist Synonym, die gleiche Bedeutung tragend (z.B. *hübsch* und *schön*).

Artikel

> Nomen werden im Deutschen mit A. verwendet. Unterschieden wird dabei der bestimmte (> der, das, die) und unbestimmte (ein, ein, eine) A. auf der einen Seite, der Nullartikel auf der anderen Seite. Letzterer findet Verwendung u.a. bei Namen (*Sabine, Stuttgart*), im unbestimmten Plural (*ein Tisch* vs. *Tische*) oder bei unzählbaren Nomen im Singular bzw. Ausdrücken, die nur im Singular verwendet werden (vgl. *Wasser, Holz*). In dem unbestimmten A. *ein, eine* steckt immer auch das Zahlwort eins.

Attribut

A. bedeutet wörtlich ‚hinzugefügt'. Gemeint ist damit die nähere Bestimmung eines nominalen Satzglieds. Das kann ein attributives > Adjektiv (*ein **runder** Ball*) sein, ein Genitivattribut (*der Ball **des Mädchens***), ein präpositionales A. (*der Ball **im Spiel***), ein adverbiales A. (*dieses Ballspielen **heute***), eine Infinitivgruppe (*das Vergnügen **zu spielen***), ein Relativsatz (*der Ball, **mit dem so viel gespielt wurde***) oder eine Apposition (*das Spiel, **eine Freude***).

Autosemantikum

Ein A. heißt wörtlich übersetzt „Selbstbedeuter" und ist ein Wort (auch Bedeutungswort, Inhaltswort oder Vollwort genannt) mit einer kontextunabhängigen, selbständigen lexikalischen Bedeutung. Vorrangig handelt es sich dabei um Substantive, Verben und Adjektive. A. unterscheiden sich von Synsemantika, die keine eigene Bedeutung tragen.

autochthon

Um Zuschreibungen, die oft mit den pauschal und ungenau verwendeten Bezeichnungen *fremd, Migrationshintergrund* und *Ausländer* einhergehen, zu vermeiden, dient das Begriffspaar allochthon (ursprünglich gebietsfremd, dazugekommen) vs. autochthon (einheimisch, alteingesessen) auch für linguistische Unterscheidungen, z.B. in Bezug auf autochthone oder allochthone Sprachen.

bestimmter Artikel, s. Artikel

Bildungssprache

Bei diesem Ausdruck handelt es sich mehr um einen bildungswissenschaftlichen denn um einen linguistischen Terminus. Schulisches Wissen, Lehr- und Lernziele werden mittels Sprache, eben der B., über Raum und Zeit hinweg zugänglich gemacht. Dies erfordert einen präzisen Wortschatz (u.a. Fachwortschatz) und Strukturen, die klare und eindeutige Bezüge herstellen. Der Gegenbegriff zu B. ist >Alltagssprache. B. ist standardsprachlich, Übergänge zur Alltagssprache fließend und auf einem Kontinuum angesiedelt.

bildungssprachlich, s. Bildungssprache

Chunks

Mit C. bezeichnet man Bausteine sprachlicher Äußerungen, die größer sind als ein Wort und als feste Wendung gelehrt und gelernt werden. Beispiele sind Wendungen wie *aus der Schweiz, mir gefällt/mir gefallen* oder *Danke gut. Und Ihnen?,* die (noch nicht) als Dativkonstruktionen, aber bereits als feste lexikalische Einheiten verwendet werden können.

der, das, die

Der bestimmte Artikel zeigt im Deutschen bei >Nomen auch das Genus an. Artikelverwendung und Genus sind so charakteristisch für die deutsche Grammatik, dass im englischen *der, die, das* als >Synonym für die deutsche Grammatik verwendet wird. Die etwas andere Reihenfolge (mask., neutr., femin., statt mask., fem., neutr.) kommt aus der DaF-Didaktik und ist der größeren Nähe zwischen Maskulina und Neutra im Deklinationsverhalten geschuldet. Das Genus ist kaum vom Nomen abzuleiten und muss deswegen von Anfang an mit gelehrt und gelernt werden. Bewährt hat sich hierfür die Markierung *r, s, e,* vgl. *rTisch, sDreieck, eWindrichtung.*

Diskriminierung

D. ist eine bewusste oder unbewusste Benachteiligung oder Bevorzugung einer bestimmten Gruppe von Personen. Wichtige Hinweise auf D. liefern statistische Belege für Disparitäten (z.B. Bildungsabschlüsse, Schulleistungen, Gehälterverteilung, etc.)

Erstsprache

Auch L1 oder „Muttersprache" genannt, bezeichnet die E., die Sprache, die zuerst erworben wird. Man kann durchaus mehr als eine Erstsprache haben, man spricht dann vom bilingualen Erstspracherwerb.

Fachsprache

F. bezeichnet zum einen nur die sprachlichen Spezifika eines Fachgebiets (z.B. >Fachwörter), zum anderen alle sprachlichen Mittel eines Fachgebiets. Diese zweite Bedeutung schließt auch allgemeine >bildungssprachliche Merkmale mit ein. Charakteristisch für F. sind die fachsprachliche Terminologie sowie die zahlreichen, fachspezifischen Textsorten.

Fachunterricht
Im weiteren Sinne ist jeder Unterricht, der als Schulfach unterricht wird, F. Im engeren Sinne unterscheidet man F. als Sachfachunterricht von Sprachunterricht, meint also die Konzentration auf ein engeres Sachgebiet wie Chemie, Geschichte oder Physik. Wir verstehen Fachunterricht im weiteren Sinne und plädieren für sprachbewussten Unterricht in jedem Fach, auch den Sprachfächern. Auch wenn letzteres auf den ersten Blick selbstverständlich erscheint, so sind es der Einbezug der lebensweltlichen Mehrsprachigkeit etwa in den Fremdsprachenfächern oder Kenntnisse der Grammatik und Fremdsprachendidaktik im Deutschunterricht (noch) nicht.

Fachwort
Auch Terminus oder Fachausdruck genannt, ist ein F. Teil einer Einzelwissenschaft und ganz genau definiert.

finite Verbform
Bei der f. V. (auch Personalform) handelt es sich um die konjugierte Verbform mit Angaben zur Person (erste, zweite, dritte) und Numerus (Singular, Plural), z.B. *kommst*. Infinite Verbform sind hingegen der > Infinitiv und das Partizip II.

Funktionswort, s. Autosemantikum

Funktionsverbgefüge
Gemeint ist mit F. (auch: Nomen-Verb-Verbindung) ein Phraseologismus aus einem (präpositionalen) Objekt und einem so genannten Funktionsverb, d.h. einem Vollverb wie *bringen, kommen, finden, stehen, nehmen*, das in bestimmten Kontexten seine lexikalische Bedeutung fast ganz verloren hat und hauptsächlich eine grammatische Funktion ausfüllt. Beispiele für F. sind: *in Verbindung bringen, zu Stande kommen, zur Debatte stehen, im Abseits stehen, zur Kenntnis nehmen*.

Genitivattribut, s. Attribut

Genus, s. der, das, die

Homonym
Ein H. hat die gleiche Schreibweise und Aussprache, aber eine unterschiedliche Bedeutung, ein so genanntes „Teekesselchen" (vgl. *Bank*: Bedeutung 1: ‚Sitzgelegenheit', Bedeutung 2: ‚Institution, die Geld verwahrt').

Imperfekt, s. Präteritum

inferiore Position
untergeordnete, schlechtere, machtärmere Position innerhalb eines sozialen Feldes

infinite Verbform, s. finite Verbform

Infinitiv
Der I. ist die Grundform (auch Nennform) eines Verbs, z.B. *fragen*.

Inhaltswort, s. Autosemantikum

Interferenz
Mit I. bezeichnet man den Einfluss oder eine Übertragung von einer Sprache auf eine andere. Dies kann sich sowohl auf die Aussprache, Grammatik oder Lexik beziehen.

Inversion

Im Hauptsatz steht im Deutschen das konjugierte Verb immer auf der zweiten (Satzglied)position, d.h. an zweiter Stelle (*Ich gehe ..., ich heiße ..., wir machen ...*), in Fragesätzen ohne Fragewort kann die erste Position unbesetzt sein (*Kommst du?*). Auf Position 1 kann genau ein Satzglied stehen, sehr häufig das Subjekt. Wird Position 1 mit einem anderen Satzglied belegt, rutscht das Subjekt hinter das Prädikat (*Heute* ***komme ich*** *nicht.*), d.h. es liegt eine I. vor.

Kollokation

Eine K. besteht aus Ausdrücken, die – aus inhaltlichen Gründen – häufig zusammen verwendet werden und zusammengehören (z.B. *Hund + bellen, Sonne + scheinen*).

Kompositum

Wörtlich bedeutet K. ‚Zusammensetzung', gemeint ist u.a. die Zusammensetzung eines Grundworts (z.B. *Ball*) und eines Bestimmungswortes (z.B. *Gummi-, Fuß-, Tennis-*); die Reihenfolge ist nicht vertauschbar ohne Bedeutungsänderung (vgl. *Kaffeefilter* vs. *Filterkaffee, Schrankwand* vs. *Wandschrank*). K. können aus unterschiedlichen Wortarten zusammengesetzt werden, z.B. aus Nomen+Nomen, aus Adjektiv+ Nomen (*Dickschädel*), Verb+Nomen (*Kochplatte*) etc. Ein K. wie *Schneemann* oder *Blumentopf* zeigt, dass nicht alle K. bildungssprachlich (herausfordernd) sind.[13]

Konjunktion

Auch Bindewort genannt, verküpft eine K. wie z.B. *und, oder, dass, weil,* Wörter, Satzteile und Sätze miteinander.

konzeptionell mündlich, s. konzeptionell schriftlich

konzeptionell schriftlich

Ein k. s. Text ist standardsprachlich, „druckreif" verfasst. Er kann durchaus mündlich realisiert sein (vgl. Nachrichten, Vorträge, Ansprachen, Predigten usw.). Sprachhandlungen im schulischen Kontext wie Berichten, Erzählen, Zusammenfassen etc. sind ebenfalls k.s., egal ob sie schriftlich oder mündlich ausgeführt werden. Umgekehrt kann auch ein schriftlicher Text wie eine SMS konzeptionell mündlich, d.h. den Konventionen der gesprochenen Sprache folgend, verfasst sein.

Kritische Sprachbewusstheit

K. S. (vgl. Tajmel 2017) ist ein Konzept von Sprachbewusstheit, in welchem neben kognitiven, affektiven und sozialen Aspekten von Sprache insbesondere auch die Rolle der Sprache in Bezug auf hegemoniale Machtverhältnisse thematisiert wird.

Lebensweltliche Mehrsprachigkeit

L. M. beschreibt die von einem Individuum im Alltag verwendeten Sprachen.

machtinformierte Angst

Unter m. A. ist einerseits die Angst der Unterworfenen zu verstehen (A., die von der Person, welche die machtärmere (s. inferiore) Position innehat, erlebt wird (äußert sich z.B. in Scham, Peinlichkeit, Erröten)). Andererseits ist m. A. die Angst der Mächtigen vor Machtverlust (äußert sich z.B. in Unterdrückung).

13 Dankenswerter Hinweis von Corinna Peschel.

mehrsprachig

Definiert man mehrsprachig einerseits als Fähigkeit, sich in mehr als einer Sprache alltagssprachlich verständigen zu können (z.B. auf Englisch) und geht man andererseits von einer >inneren Mehrsprachigkeit (vgl. Sozio-, Regio-, Dialekte) aus, ist praktisch jede_r mehrsprachig.

Modalverb

Im Deutschen gibt es sechs Verben, die die Art und Weise (den Modus) einer Handlung spezifizieren, vgl. *Was **darf/kann/möchte/muss/soll/will** ich tun?*

monolingual

M. heißt wörtlich einsprachig und ist damit der Gegenbegriff zu >mehrsprachig.

monolingualer Habitus

Der m. H. beschreibt die Haltung, die zum Ausdruck bringt, dass Einsprachigkeit das Selbstverständliche, die „Normalität“ ist.

Nebensatzklammer, s. Satzklammer

nichtdiskriminierend

Das bewusste und aktive Setzen von Maßnahmen, um Diskriminierung entgegenzuwirken.

Nomen, s. Substantiv

Nominalisierung,

N. bezeichnet jede Ableitung von Nomen aus anderen Wortarten, wie Verben (vgl. *die Durchführung*) oder Adjektiven (*die Größe*). N. sind charakteristisch für den Nominalstil, der auf selbstständige oder untergeordnete Sätze mit einem finiten Verb (vgl. *Es wurde bestätigt, dass der Versuch erfolgreich durchgeführt wurde*) verzichtet zugunsten von nominalen Satzgliedern (*Die erfolgreiche Durchführung des Versuchs wurde bestätigt.*).

Nominalklammer, s. Satzklammer

Nullartikel, s. Artikel

Operator

Operatoren sind Verben, mit denen Schülerinnen und Schüler aufgefordert werden, eine Aufgabe anzugehen, z.B. *erklären, beschreiben, erläutern.* Operatoren sind in den verschiedenen Fächern aufgrund unterschiedlicher Fachtradition und Textsorten nicht unbedingt bedeutungsgleich.

Othering

Die Konstruktion von „Anderen“ im Gegensatz zum „Wir“ durch diskursive Prozesse (Merkmalszuschreibungen, Medien, Forschung, z.B. Schülerinnen „mit Migrationshintergrund“, „mit Förderbedarf“), wodurch hegemoniale Strukturen stabilisiert werden.

Partikelverb

Ein P. ist ein Verb mit einer trennbaren Vorsilbe (z.B. *ab-leiten*). P. sind hervorzuheben in Bezug auf die >Satzklammer (vgl. *Wir **leiten** daraus die folgenden Ergebnisse **ab***) und auf die Perfektbildung (vgl. *ab**ge**leitet*).

Partizip

Das P. I bezeichnet den Prozess einer Handlung (vgl. *schreibend*), das P. II das Ergebnis einer Handlung (vgl. *geschrieben*). Formal hat ein P. auf der einen Seite nominale Eigenschaften (es ist u.a. steigerbar und kann sowohl attributiv wie prädikativ verwendet werden). Auf der anderen Seite hat ein P. verbale Eigenschaften (es regiert Objekte, das P. II wird verwendet zur Bildung der zusammengesetzten Zeiten und des Passivs).

Partizipialkonstruktion

Bei einer P. handelt es sich um ein erweitertes > Partizip, das, als Attribut verwendet, durch einen vollständigen Nebensatz paraphrasierbar ist, vgl. *Durch zahlreiche Ermutigungen angespornt, erreichte sie ihr Ziel.*

plurizentrisch

Eine Sprache mit mehr als einer Standardvarietät heißt p. Quasi alle Sprachen, die in mehr als einem Staat Amtssprache sind, sind p.

Präfix

P. sind Vorsilben. Sie sind wortartunspezifisch und stehen vor dem Wortstamm, vgl. *ver-ursachen, Ab-leitung.*

Präposition

Wörtlich bedeutet P. ‚Vorangestelltes'. Es handelt sich um eine Partikel, die vor einem Substantiv steht, vgl. ***vor*** *dem Haus,* ***bei*** *schönem Wetter,* ***um*** *vier Uhr*. In der Regel fordert eine P. genau einen Fall, zum Beispiel verlangt die Präposition *bei* immer den Dativ. Eine Ausnahme bilden die Wechselpräpositionen, auf die Frage *wo?* Fordern sie den Dativ (***vor*** *dem Haus*), auf die Frage *wohin?* den Akkusativ (***vor*** *das Haus*).

Präpositionalphrase

Eine P. ist die Kombination einer > Präposition mit einer Nominalphrase (*in der aktuellen Debatte*) oder mit einem Adverb (*seit gestern*). Sie kann als Adverbial ein Verb genauer bestimmen (***Seit Stunden*** *wartet er* ***in der Kälte***), als > Attribut ein Nomen genauer bestimmen (*die zentrale Fragestellung* ***in der aktuellen Debatte***) oder die Funktion eines Objekts (*Ich denke* ***an die aktuelle Debatte***) einnehmen.

Präteritum

P. (auch Imperfekt) ist eine grammatische Zeit, eine Vergangenheitsform (z.B. *ging, fragte*).

Pro-Form

Eine P. ist eine Verweisform, unabhängig von der Wortart, z.B. ein > Pronomen, ein Pronominaladverb (z.B. *dort, deshalb, dann*), aber auch ein Verb wie *tun*. Es kann zurückverweisen oder vorausweisen. Es handelt sich dabei um ein wichtiges Mittel, das den strukturellen Zusammenhang eines Textes gewährleistet.

Pronomen

Auch Fürwort genannt, steht ein P. (z.B. *es*) ‚für ein Nomen' also ein > Substantiv (z.B. *das Mädchen*) oder eine Nominalphrase (*das kleine Mädchen*).

Register, s. Varietät

Satzklammer

Bei der S. handelt es sich um ein Grundprinzip der Wortstellung im Deutschen. Sie umfasst die Verbalklammer (die Klammer bildet eine > finite Verbform auf Position zwei im Satz, und der Verbzusatz bzw. > infinite Verbteile am Satzende, vgl. *Ich* ***dachte*** *lange, angestrengt und genau* ***nach*** *und* ***konnte*** *schließlich eine Lösung* ***finden***), die Nebensatzklammer (die Klammer bildet ein nebensatzeinleitendes Element und das finite Verb am Satzende, vgl. ***weil*** *ich eine Lösung finden* ***konnte***) und die Nominalklammer (die Klammer bildet das Artikelwort oder eine Präposition und das dazugehörende Nomen, vgl. ***das*** *rote, recht verwaschene* ***Kleid***).

Schibboleth

An einer unbewusst verwendeten Variante erkennen andere – nicht die Angehörigen der betreffenden > Varietät selbst – dessen Zugehörigkeit. Der Terminus S. geht auf das Alte Testament (Richter 12, 5–6) zurück, wo besiegte ephraimitische Flüchtende ihre Herkunft leugnen, jedoch an ihrer Aussprache „Sibboleht“ anstelle von „Schibboleth“ (hebräisch „Strom, Ähre“) erkannt, überführt und getötet werden.

Schlüsselwort
: Ein Wort, das unbedingt notwendig ist, um in fachlich präziser Weise über einen Sachverhalt sprechen zu können. (Bsp.: *anziehen* für das Thema Magnetismus)

schriftlich, s. konzeptionell bzw. medial schriftlich

schwaches Maskulinum, s. starkes Maskulinum

schwaches Verb, s. starkes Verb

Semantik
: S. ist die Lehre (Analyse und Beschreibung) der Bedeutung von sprachlichen Ausdrücken.

Sprachhandlung
: eine Handlung, die mit Sprache ausgeführt wird (im Gegensatz zu nichtsprachlicher Handlung); z.B. beschreiben, erklären, aufzählen, nennen, ...

starkes Maskulinum
: Bei einen starken Maskulinum endet der Genitiv Singular auf *-(e)s*, bei einem schwachen Maskulinum auf *-(e)n*.

starkes Verb
: Verben, die in den Grundformen (> Infinitv, > Präteritum, > Partizip II) den Stammvokal wechseln, heißen unregelmäßige Verben oder s. V. (z.B. *gehen, ging, gegangen*). Im Unterschied dazu behalten schwache oder regelmäßige Verben den Stammvokal bei (vgl. *sagen, sagte, gesagt*).

Substantiv
: Auch Hauptwort oder Nomen, z.B. *Tisch, Bild, Schule.*

Suffix
: S. sind Nachsilben. Wortbildungss. sind wortartspezifisch, vgl. z.B. Adjektiv-S. wie *-bar, -sam, -ig* bzw. Nominal-Suffixe *-ling, -keit, -ung.*

Synonym, s. Antonym

Synsemantikum, s. Autosemantikum

Syntax
: Die Lehre von den Regeln, die den Satzbau betreffen.

Textsorte
: Texte mit gleichen situativen und häufig auch sprachlich-strukturellen Merkmalen, wie z.B. *Versuchprotokolle*, können als T. kategorisiert werden.

unbestimmter Artikel, s. Artikel

unregelmäßiges Verb, s. starkes Verb

Varietät
: Bei V. handelt es sich um ein Sprachsystem innerhalb einer Sprache. Sie kann sowohl standardsprachlich (z.B. österreichisches Standarddeutsch) wie nonstandardsprachlich (z.B. österreichische Dialekte) sein. Nach den Variationsdimension unterscheidet man diatopische V.en (bezogen auf die kommunikative Reichweite, z.B. Dialekte, nationale V.en), diastratische V.en (bezogen auf die soziale Reichweite, z.B. Gruppensprachen wie Jugendsprachen) und diaphasische V.en (bezogen auf die funktionale Reichweite, z.B. > Alltagssprache, > Fachsprache). V.a. für die letztere Kategorie wird in der Forschungsliteratur auch der Terminus Register verwendet. Ein einzelnes, varietätsunterscheidendes Element ist eine

Variante. Sie kann sich auf allen sprachlichen Ebenen finden (Aussprache, vgl. König [*-ig* vs. *-iç*]; Orthografie vgl. Buße vs. Busse; Lexik vgl. Januar vs. Jänner; Grammatik vgl. der Monat vs. das Monat; Pragmatik vgl. unterschiedliches Sprechtempo, unterschiedliche Sprechpausenlänge; Hägi 2006, 2007)

Verb

Auch Tätigkeitswort oder Zeitwort genannt, z.B. *lachen, lesen, sprechen, schreiben*.

Verbalisierung

V. bezeichnet Verben, die aus anderen Wortarten abgeleitet sind, z.B. aus Nomen (vgl. *hageln*) oder Adjektiven (vgl. *erkranken*).

Verbalklammer, s. Satzklammer

Wechselpräposition, s. Präposition

Die Autorinnen

Sara Hägi-Mead hat Deutsch und Russisch auf Lehramt studiert und zu Nationalen Varietäten im Unterricht Deutsch als Fremdsprache promoviert. Sie beschäftigt sich seit Jahren mit Mehrsprachigkeit, Methodik/Didaktik und Sprachenpolitik. Sara Hägi-Mead ist Lehrwerksautorin und im Kontext Deutsch als Fremd- und Zweitsprache aktiv in der Lehrkräfteaus- und -fortbildung tätig. Seit September 2016 leitet sie das neu gegründete Zentrum für Integrationsstudien an der TU Dresden. 2017 hat sie einen Ruf auf die Professur „Mehrsprachigkeit in der Schule" an die Bergische Universität Wuppertal erhalten.

Tanja Tajmel hat Physik und Philosophie auf Lehramt studiert, als Lehrerin gearbeitet und in Didaktik der Physik zum Thema Naturwissenschaftliche Bildung in der Migrationsgesellschaft promoviert. Ihre Arbeits- und Forschungsschwerpunkte sind die Professionalisierung von Lehrkräften sowie Sprachbildung und Sprachbewusstheit im Fachunterricht. 2005 war sie Mitinitiatorin des internationalen Projekts PROMISE – Promotion of Migrants in Science Education. Tanja Tajmel ist Dozentin für Sprachbildung an der Humboldt-Universität zu Berlin und hat 2017 einen Ruf auf die Professur für „Sprachbewussten Unterricht" an die Pädagogische Hochschule Oberösterreich erhalten.

Der gemeinsame Arbeitsort der Autorinnen an der Universität Paderborn 2014/2015 ermöglichte eine Zusammenführung ihrer breiten sprach- und fachdidaktischen Expertisen. Der vorliegende Band stellt ein Ergebnis dieser engen interdisziplinären Zusammenarbeit dar.